中国地域武术文化研究

孟云鹏 著

西北工业大学出版社

西安

【内容简介】 本书以地域视角对中国武术进行划分,初步划分成京师、燕赵、秦晋、齐鲁、中原、荆楚、吴越、青藏等多个武术地理区域,并对每个地域武术的历史渊源、发展形式和特征、拳种考证、拳种发展的背景、地域习俗等进行探究,既从横向对不同地域特征进行研究,又从纵向对历史演变及不同地域武术的变化、不同民族习俗的研究进行梳理。本书力求在地域武术研究理论上有所突破,基于不同地域,对武术的变化进行梳理探索,在丰富中国不同地域武术方面进行积极探索。

本书可供从事武术历史研究、武术与民族传统专业的师生阅读,也可供武术爱好者参考。

图书在版编目(CIP)数据

中国地域武术文化研究 / 孟云鹏著. — 西安 : 西北工业大学出版社,2022.8
ISBN 978 - 7 - 5612 - 8082 - 9

Ⅰ. ①中… Ⅱ. ①孟… Ⅲ. ①武术-地方文化-研究-中国 Ⅳ. ①G852

中国版本图书馆 CIP 数据核字(2022)第 140540 号

ZHONGGUO DIYU WUSHU WENHUA YANJIU
中 国 地 域 武 术 文 化 研 究

责任编辑:曹 江	策划编辑:杨 军 张 炜
责任校对:李文乾	装帧设计:董晓伟

出版发行:西北工业大学出版社
通信地址:西安市友谊西路 127 号　　　　邮编:710072
电　　话:(029)88491757,88493844
网　　址:www.nwpup.com
印 刷 者:西安新汇印务有限公司
开　　本:710 mm×1 000 mm　　　1/16
印　　张:8.5
字　　数:157 千字
版　　次:2022 年 8 月第 1 版　　　2022 年 8 月第 1 次印刷
书　　号:ISBN 978 - 7 - 5612 - 8082 - 9
定　　价:48.00 元

如有印装问题请与出版社联系调换

前　言

中华武术历史悠久、源远流长,其萌芽几乎与华夏文明发轫时间同步,《拳经》里也曾指出:"吾国技击之术,发端于战国,昌盛于唐宋,盛极于明清。"中华武术的发展史,几乎可以说是一部中华文化史或思想史。在我国当前学术界中,对武术技术方面的研究硕果累累,对武术文化的探讨也推陈出新,但对地域武术文化的全面研究尚是一个学术洼地,拥有可供探索的深度与广度,具有一定的研究价值。

由于交通不便、高山、荒漠等自然地理原因构成了各民族间的天然屏障,这是文化在生产过程中首要的"隔离机制"。文化隔离的方式很多,包括地理环境隔离、社会隔离、心理隔离(民俗、原始概念、思维方式)。对于文化形成期来说,最重要的是地理环境的隔离。

一方水土养育一方人,一方人创造一方文化,不同的地域会形成独具风格的区域文化,这强调了生存环境对于地域特色的形成起着基础性的作用,如果把这些区域文化有机组合,则构成了色彩缤纷的中华文化。冯天瑜先生在《中华文化史》中解释说道:"如果把有地域风格的文化比喻为一幕接一幕的悲喜剧,那么所处的区域就是舞台,而地理环境就是背景。"早在春秋战国时期,由于宗法制度的土崩瓦解,诸侯割据地之地理、民族、民俗等差异,各区域位置不同,经济形态各异,为形成形态各异的民风遗俗和风格不同的文化场景做足了基础准备。战国以来,中国地域相继划分为秦、齐、鲁、楚、吴、越等十几个区域,孕育于上述历史与约定俗成之地域的武术,因自然地域与人文环境的独特差异而具有别致的风格与特点,中国武术无愧于国之瑰宝,各个地域的武术文化都具有鲜明的本地特色。

2003年郭志禹教授提出传统武术历史与文化的新时期发展理论,即地域武术文化多元模式理论,将"地域武术文化"的概念界定为:通常由古代沿袭或俗称的历史区域中带有明显的历史烙印和痕迹的武术文化。此概念提供了地域武术文化研究的新思路:地域文化—武术文化—地域武术文化。本书正是在此基础上构建传统武术历史与文化的信息系统框架,初步勾勒中国武术的地域分布,为今后开展地域武术文化的可持续性研究奠定基础。

武术作为我国传统文化的一种独特分支及思想表现形式,体现了中华民族的性格和智慧。武术已经扎根于中国传统文化,深得中国传统文化的精华与神髓,在世界民族文化之林独树一帜。可以说,武术是中国优秀传统文化的典型代表,承载着中华传统思想,对中华民族精神和意志的塑造起着举足轻重的作用,是非常具有研究价值的。本书是 2020 年度安徽省哲学社会科学规划项目(编号AHSKHQ2020D04)研究成果。

本书分为 9 章,内容包括中国武术文化概述、京师武术文化、燕赵武术文化、秦晋武术文化、齐鲁武术文化、中原武术文化、荆楚武术文化、吴越武术文化以及青藏武术文化。

在撰写本书过程中参阅了相关的文献和资料,在此,向其作者表示诚挚的谢意。

由于笔者水平有限,疏漏之处在所难免,敬请广大读者批评指正!

孟云鹏

2022 年 3 月

目　　录

第一章　中国武术文化概述

第一节　武术文化的概念组成

武术文化的概念由两部分组成,分别是武术的本体概念和武术的文化概念。武术的文化概念源于武术、文化、武术文化的基本内涵。人们对内容的认知和对文化的理解,决定了武术文化概念的演变方向。武术具有丰富的文化内涵。准确无误地划分武术文化的界限是不可行的。武术最早的解释是用于对抗、斗争的方法或技艺。"武"起源于甲骨文,意思是斗争、抗争;"术"的意思是技艺、方法、科学技能等。

一、武术的概念

"武术"一词最早出现于我国南朝时期。武术关系到战争和文教。在我国历史中,武术的称谓有很多,包括手搏、相搏、角抵、角力、相扑、武艺、国术等。新中国成立之后,上述所有称谓被统一为"武术"。1957 年,人们开始深层次地探究武术的内涵。作为中国传统体育项目,内外兼修是武术的宗旨,技击是武术的主要内容,套路和格斗是武术的主要运动形式。

二、文化的概念

"文化"一词,最早出现于拉丁文中,意指耕耘、耕作,后引申为居住、练习等。17 世纪,文化成为一种新的概念独立存在。人类在社会活动中创造出的事物和依赖人类社会活动存在的事物,统称为文化。1871 年,英国人类学之父泰勒提出文化的定义。他认为,文化或文明是一个整体,具有较高的复杂度和完整度。人类的知识、信仰、艺术、道德、法律、习俗、能力、习惯,均属于文化的基本组成部分。

英美传统的文化研究者通常将文化理解为既定事实的各种形态的总和,即人类创造的物质成果和精神成果的总和;德国传统文化研究者将文化理解为一种以生命或生活为本位的生活样态。毋庸置疑,文化就是人类处理人和世界关系时所产生的精神活动与实践活动,以及所创造出来的物质成果与精神成果。

文化主要有三个层次:第一层为思维层次,即价值观和思维方式;第二层为物化层次,主要包括文物、著作、艺术品等;第三层为制度层次,主要包括制度、风俗、规矩等。

在我国,文化最早出现于《周易·贲卦》。文化的主要作用是教化百姓。人文是教化的主要工具。西汉以后,以文教化成为文化的主要内容。对内对外都可以使用文化这种教化方式。对不接受教化的目标,进行武力征服。正如西汉刘向所言,"凡武之光,为不服也,文化不改,然后加诛"。晋束皙认为"文化内辑,武功外悠",说明文化在封建社会是统治阶层对庶民的一种教化和治理工具,具有不断创造和改造的功能。

在我国古代,文治是最重要的教化方式,武力则是文治之外最有效、最直接的教化方式。

三、武术文化的概念

武术文化出现的时间晚于武术和文化的出现时间。武术文化的出现伴随着武术运动的普及和武术的推广。通过挖掘武术的内涵,人们逐渐意识到武术文化的重要性。20 世纪 90 年代初,我国开始出现有关武术文化的文章和观点。

1990 年,旷文楠等在《中国武术文化概论》中指出,武术和文化联系密切。武术存在于文化大环境中。文化环境是武术生存和传承的前提条件。武术可以作为一种新的文化系统供国内相关学者进行研究和交流。这种文化系统就是武术文化。

2001 年,张翠玲在《也论中国文化与中国武术》中指出,中国的传统文化促进了武术文化的出现。在中国传统文化中,武术运动的表示形式是武术文化。武术文化是中国传统文化思想沉淀的产物。中国传统文化思想决定了武术文化的理论和行为方式。在中国传统文化的影响下,武术文化具备了独特的思想理论和表现方式。武术是以身体为载体,以攻防格斗为主,以文化为核心的人体运动,武术文化表现了中国人特有的思维方式、行为方式、认知方式及价值取向。以攻防格斗为主体的人体动作是武术文化的核心。武术动作表现了人类的思想、道德、意识、美感以及文明程度。

2006 年,王岗在《传统武术文化在武术现代化中的价值取向》中指出,武术文化属于中国文化的一种表现形式。武术反映了中华民族的物质文明和精神文明。在发展过程中,武术融合了社会多领域的特点,具备了丰富的文化内涵。武术是武术文化的载体。哲理性和艺术性是武术内容的主要特点。武术文化已经成为独立存在的科学性较强的完整文化体系。哲理性、技击性、健身性、娱乐性是中国武术的文化特征。大众体育、哲学、美学、医学、文化艺术、语言等都受到武术文化的影响。

2007 年,赵忠华在《论武术文化的现实价值》中指出,武术文化包含了武术的文化特征、武术的动作形态、武术的内在原则、武术的价值取向、武术的认知方式。武术文化的产生得益于中华民族的思维环境和中华民族的思维方式。武术文化是中华民族价值观念的组成部分。武术文化起源于中国传统文化,是中国传统文化在武术运动方面的具体表现形式。武术文化具备中国传统文化的基本文化特征,也包含武术文化的独有特征。

武术文化的概念涉及多个学科,比如社会学、逻辑学、文化学和人类学等。目前,对武术文化没有较为统一的定义。因为武术文化是一种复杂、完整且独立的文化体系,所以简洁明了地阐述武术文化的定义难度较高。武术文化的研究取决于人类思想观念和价值观念的发展。思想文化的发展推动了武术文化的发展,因此武术文化是一种处于动态发展状态下的具有时代性与民族性的文化。

第二节　武术的起源和发展

武术的实践历史伴随着人类的起源。生产劳动说、战争说、模仿说、本能说、游戏说、舞术说、祭祀说等等是武术的不同学说。武术的存在和发展取决于武术的起源,人类的发展和需求促进了武术的出现,人类的劳动是武术出现的基本条件。模仿、游戏等活动加速了武术的出现。

一、武术的起源

生产劳动说:远古时期,地广人稀,野兽众多,那时的人类,食物大多来源于采集和狩猎,在生产劳动时为了捕获猎物,先民掌握了使用棍棒和制服猎物的技巧及同猎物搏斗的经验。同时,为了抵御自然灾害和防止野兽袭扰,他们所采取的生产方式是集体协作,制服猎物及与猎物搏斗的经验在集体中相互交流,因此远古人类的生产劳动促进了武术的萌芽。在生产劳动中产生了不同的劳动方式,例如,狩猎者需要击、刺,砍柴者需要劈、砍等,不同的劳动使发力特点在生产过程中形成了推、扛、搂、抱等动作,为了节省自身体力形成了弓、马、朴、歇、虚、等步法,为武术的萌芽奠定了基础。

战争说:在古代,由血缘关系形成的宗法制和分封制形成了诸多国家,正如学者张荫麟所著的《上古史》所言的周代在黄河下游流域及大江以南可考的具有130多个诸侯国。由于生产力的低下,各诸侯为了壮大就需要获得更多的生存资源和生产者,因此诸侯国之间的征伐其根本目的是获得更多的奴隶,参与生产和作为征伐工具,在征伐和防卫过程中,由劳动技能逐渐演变出攻防技巧和搏杀技能,同时,为了彰显自己的实力和威震对方及增强战斗力,产生出一种以搏杀技能和攻防为主要表现形式的武舞。

模仿说:武术源于模仿说,主要包括两个方面。一方面,我国古代是农耕社会,不同的自然环境造就了不同的生活方式,先民在自然活动中为了保护自身的安全,开始模仿或观察自然界的动物形态特点和相互搏斗的技能,进而衍化成武术中不同技能的招式,如白鹤亮翅、蟒蛇出洞、白猿献果、黑虎摆尾、飞鸟入林、兔子蹬鹰等。另一方面,先民在征伐中练习搏杀技能,模仿对方的招式并进行练习,形成自己的武术技能。

舞蹈说:武士执干(盾)、戈,佩弓、矢,练习射箭、驾车、挥戈、执盾,同时学习舞乐和礼仪。相传武王所创"大武"共六成,其中舞者执干戈或斧钺或弓矢,其特点是古朴、雄健、猛锐、厚重。汉代的"刀舞""棍舞"充分体现了雄健勇猛的特点。

刘鸿雁在《关于中华武术发展战略的思考》一文中提到:"根据历史唯物主义观点,人类任何一种文化的产生、存在和发展,是由人类社会发展中对该项文化的需要和需要程度所决定的。"人类的生存需要和对生存的渴望,是中国武术的起源。生存是人类的本能。在原始社会,武术可以满足人类的生存需要,武术伴随着人类的发展共同进步。

从历史发展的角度来看,武术成为推动人类历史发展的重要因素。使用工具是古猿人向人类进化的标志。天然工具不是人类创造的产物。人类开始制造工具,标志着人类文明正式开始发展。在远古时期,人类的生存工具是人类的基础武术器械,可以满足人类的生产需求和生存需求。

中国武术的雏形来源于人类拼杀、搏斗的本能动作,而礼仪、道德的教育规范了武术的使用方式。注重道德的修养也叫"心术",可规范人的行为和价值取舍,正如古代思想家孔子的弟子有若所说:"礼之用,和为贵"。价值标准是对和谐的追求,中国武术进入文明发展阶段。

西周时期,射礼出现。射礼是指用射箭的方式表达敬意。射礼属于武礼的一种表现形式,武礼赋予了武术更加丰富的内涵,道德使武术成为独立的文化表现形式,技击与道德如车之两轮、鸟之双翼,缺一不可。美国学者詹姆斯·麦克雷所著的《醒目的美:亚洲武术的哲学视角》,以哲学视角对中国武术进行系统的研究和阐述,同时与日本武道及希腊体育进行比较,认为中国传统武术训练具有双重目的——自我修养和自卫,而西方并没有真正意义上的武术,像拳击或摔跤这样的体育运动项目,专注于运动竞赛,而缺少自我精神上的修养。中国武术的美是自然的,是为了制止暴力,属于防卫型,因此修身是武术训练的真正目的。

西方是外显文化,其世界观认为人可以支配自然,崇尚的是个人主义精神,这可以从好莱坞影片中得以印证,如《美国队长》等均是个人主义精神的体现。中国的内敛文化是隐性的,人与自然是其整体的世界观,崇尚"和合"精神,强调的是人与自然的和谐、人与人的和谐。正因如此,中国武术是防卫型的,要求自身具有一定的修为,正所谓未曾学艺先学礼、未曾习武先习德。品德作为修练武术者所具备的道德,在各门各派均有不同要求,但实际上都是对习武者的内在制约机制,它制约着习武者对武力的使用,以免以武恃强凌弱,危害社会。武术历经中国传统文化数千年"人文化成"的浸润,由最初的内在行为和道德上的约束上升到以德服人,不战而屈人之兵,最终升华到德艺双馨境界,正如孔子所言:"人能弘道,非道弘人。"

二、武术的文化发展

中国武术文化传承从根本上来讲,与中国文化的传承存在一致性,中华民族的向心力、凝聚力,共同的信仰、信念,是维系中华民族自强不息的原动力。中国武术文化在中国传统文化中摄取养分,通过武术文化,可以窥见一个民族的文化历程。中国武术从文化发生角度而言,是以中国传统文化为基质并不断融合与发展的过程。天行健,君子以自强不息;地势坤,君子以厚德载物。"自强不息"可以理解为努力进取,刚毅坚韧,愤发图强,生命不息。武术作为一种格斗技能,本身是残酷血腥的,在发展过程中,武术经传统文化的熏染,激发出拼搏精神、爱国精神、正义精神,这些精神正是中国传统文化对习武者的精神塑造的结果,在历史上被众多文人墨客所崇尚,在诗歌典籍中均有体现同仇敌忾、共御外辱的爱国情怀,如屈原《九歌·国殇》是一首悲壮的爱国主义的赞歌,唐代诗人李白在诗歌中抒发保家卫国的豪情壮志……同时,道家思想也把老子的贵柔思想巧妙地融合于拳理拳术之中,体现出以慢制快的策略。

三、武术的文化缩影

中国文化表现了中国人特有的思维方式、行为方式、认知方式,如儒家讲

"实",道家讲"虚",儒家讲"动",道家讲"静",武术技法的一招一式、一动一静、真假虚实的变换无不显示出它的蕴意及哲理,只有深入了解中国传统文化,才可领会其中的意境和智慧。

在武术从本能转变为技能后,人类开始在冲突中大肆运用武术技巧。战争使武术进入了全新发展阶段。在历史发展过程中,统治阶级掌握着武术的命脉。武术是统治阶级防身、发起战争、巩固统治地位的重要工具。

武术的发展丰富了武术的文化内涵。在中国,武术经历了千百年时间的发展,共经历9个发展阶段,每个阶段都有独树一帜的文化内涵,其主要包括:①早期人类赖以生存的搏斗之术;②余暇休闲的游戏之术;③武术、祭祀、观赏用的武舞之术;④古代战争使用的搏杀之术;⑤复仇使用的行刺之术;⑥泄愤使用的决斗之术;⑦追求和平,平息纷争的止戈之术;⑧珍爱生命的养生之术;⑨育人育才的教化之术。这些发展阶段包含了中华武术从蛮荒到文明的演变过程。中华民族5 000多年的发展历史孕育了具备中华民族特色的武术文化。

第三节 武术文化的价值

中国武术体现了中国文化的魅力。人与人、人与社会、人与自然之间的和谐关系,是中国武术的追求。武术是人类评判自我价值,肯定自我努力的一种方式。人类文明发展孕育了武术文化,武术文化也推动了人类文明的发展。在中国传统文化的影响下,"养""生""和""合"成为中国武术文化的主要表现形式。

一、武术对"生"的追求

"养生"一直是中国传统文化的重要组成部分。"生"是"养"的基础。中国武术对"生"的追求和价值观念,决定了中国武术"养"的文化。生命、生产、生活、生存、求生、谋生等,是"生"的主要内容。这些内容和中国武术之间存在着联系。人类的本能追求是对"生"的追求,即对生存的需求决定了人类的本能,赋予了中国武术价值和特点。武术是人类追求"生"、满足"生"的需求的重要工具。武术的初衷是保证人类生存,为人类创造更好的生活条件。

在远古时期,为了保证生命的延续,原始人类发明了武术。武术成为原始人类对抗自然,征服自然,保证生存的主要方式。借助武术,人类可以获取食物,收集生存资源,扩充生存范围,改善生活环境。在人类社会文明阶段,人类族群之间开始出现战争。武力成为不同族群之间争斗的方式,也成为胜利者最大的依仗。强大的武力保证了战争的胜利,胜利者可以得到失败者的生存资源、生活环境等。在当时,族群提高战斗力的方式是进行武术训练。武术贯穿了中国社会的发展过程,成为无数人安身立命、谋求生存的重要手段。

春秋战国时期,武者可以成为侠士或者刺客,司马迁在《史记·游侠列传》中对武者这样评价:"今游侠,其行不轨与正义,然其言必信,其行必果,已诺必诚,不爱其躯,赴士之厄困,既已存亡生死矣,而不矜其能,羞伐其德,盖亦有足多者焉。"

在近代,武者可以成为教会帮派的武术教练、馆社组织的保护者。在宋朝,武者可以通过武举进入官场;在清朝,武者可以成为达官显贵的保镖、镖局的镖头或镖师。这些都是武术为人类提供的求生手段。

人类对"生"的追求,是人类发展的伟大目标。生存的欲望决定了人类的发展方向。征服自然、征服野兽、征服敌人,都体现了人类延续生命、保证发展的愿望。生产、生活、生存、谋生、求生都可以通过武术实现。武术可以满足人类对生存的渴望,为人类生存创造有利条件,满足人类的生存需要,进而推动人类历史的发展。

二、武术对"养"的追求

在中国古代社会,百姓温饱,决定了"天下太平"。我国古代文明属于农耕文明,具有长达几千年的发展历史,温饱问题是人类最基本的生活需要。中国人对"养"的最终目标是"太平盛世"。"养护身体""养家糊口""修身养性"是中国人追求"养"的具体表现形式。通过修习武术,人们可以增强体质,满足生存需求,达到"养护身体"的目的。通过修习武术,习武者可以陶冶情操,端正思想,净化情绪,达到"修身养性"的目的。通过修习武术,习武者可以将武术作为谋生的手段,获取生存资源,保护家人,保证家庭的长期发展,达到"养家糊口"的目的。"生"是"养"的基础。"养"是"生"的深层次体现。"生"是人类的基本需求,"养"是人类的高层次需求。在中国传统文化中,"生"代表了对生命的尊重,"养"代表了对生命的追求。

从内容形式来讲,武术属于体育项目的一种。从精神思想来讲,武术的精神层次高于体育。武术不仅具备体育的健身、娱乐、竞技等特点,还包含了文化价值和社会思想。武术的中心思想是"运动养生文化",包含了中国的儒家思想、释家思想、道家思想等,"以人为本"是中国武术的核心观点。尊重生命、人与自然和谐共处是中国武术的基本原则。

三、武术对"和"的追求

中国传统文化思想对中国武术的影响较为显著。中国武术以"和"为主要思想,"人和"是中国武术的最终目标。中国武术是中国传统文化思想的载体和表现。儒家思想中的"尚和中庸""以和为贵""和谐"是中国武术的核心思想。武术的本质是斗争和格斗。中国武术将"和"与"争"完美融合在一起。武术追求的目标是"和",表现形式是"争",二者对立统一,相互影响,相互制约。

在西汉时期,刘向指出,武力是国家强行统治人民的手段。不利用文化和道德改变人民思想,单一使用武力强硬统治的统治者,最后会被同样的手段推翻。在西晋时期,束皙指出,武力是维护国家安全,抗击外敌侵犯的主要手段,文化和武力是相辅相成的。

和平思想根植于中国传统文化思想中。天人之和、身体之和、人伦之和、社会秩序之和、协和万邦是中国传统文化思想中和平主义思想的主要内容。和平不仅是我国处理国家和民族之间关系的基本原则,也代表了我国人民爱好和平、以和为贵的民族精神。儒家文化是中国传统文化的核心部分。"以和为贵"是儒家文化的核心思想。"和"是人民为人处世的基本原则,也是人民不断追求的最终目标。"不争""无为""天之道,不争而善胜""夫唯不争,故天下莫能与之争"是道家的主要思想内容。"兼爱""非攻"是墨家的主要思想内容。"不战而屈人之兵"是兵家的核心思想。"和平"是武术的追求。

中国人民希望的发展模式是在和平中谋求发展,寻求进步,提倡和谐共处、稳定发展。

四、武术对"合"的追求

"天人合一""知行合一""形神合一""阴阳合一"是中国武术追求"合"的重要目标,是中国古代哲学思想的具体表现。在中国传统文化思想中,儒家、道家、墨家、佛家等学派均赞同"天人合一"的观点。在武术的发展过程中,"天人合一"的思想影响了武术的发展,赋予了武术深刻的文化内涵。人类对大自然的渴望和崇拜是"天人合一"思想出现的主要原因。我国古代是农耕社会,人们日出而作、日落而息,对土地的依赖和自给自足的生活方式造就了我国人民重安稳、尚和平的性格。武术的价值取向取决于民族性格。武术的作用是防身自卫和强身健体,武术的养生理论体现出了人与自然的和平共处。为了保证生命的延续,必须遵从大自然的规律,尊重自然,谋求与自然的和谐发展。在中国传统文化思想中,"天"代表着万物,代表着造物主,地位崇高,无法企及。人类必须遵循大自然的规律才能正常发展。人类对自然的追求和探寻,是"天人合一"思想的具体表现形式。

"知行合一"是中国古代哲学中的重要观点,促进了中国武术的发展和传承。"知行合一"中的"知"代表知识,"行"代表行为,知识和行为的结合是解决矛盾的重要方式。以现代的观点解读,"知行合一"就是理论和实践相结合的发展方式。古代习武者掌握了武术理论和动作后,都会去寻找实践对象,深化对武术的理解,从而掌握武术技巧。实用价值是中国古人重点关注的内容。价值至上是中国古人的思维方式。"知行合一"对武术的发展产生了显著影响,保证了武术的传承。

"形神合一"是中国武术文化的基本组成部分。"形"是指人的身体和动作,"神"是指人的精神和思想。"形神合一"倡导人的动作和思想要合二为一,相互协调,心到手到,是武术行为追求的最终境界。武术行为是传播武术文化的载体,包含了中华民族的传统文化,具有浓烈的东方特色。

中国武术最多体现的学说是"阴阳合一"。"阴阳"代表了中国古代哲学理论,解释了事物不同属性对立转化的过程。阴阳的特点有互相依存、互相协调、互相转化、互相制约、相互独立、自成整体。"阴阳合一"的思想影响了中国武术的发展,中国武术中的对抗技巧讲究刚柔并济、虚实互补、攻守兼备、动静结合。

"和合"文化是中国武术人文追求的表现形式。"和"指和平、和谐,"合"指融合、相合。"和合"的思想决定了中国武术的思想,是中国武术文化的思想本源。

中国武术的文化本质集中体现在"养""生""和""合"四个方面,中国传统文化是中国武术文化的核心,"以人为本"是中国武术文化的主要思想,人类的发展需求决定了武术的价值。人类是武术的主要服务目标,可以使用武术完善自然,保证社会发展。武术的文化内涵和文化价值决定了武术的发展程度,深层次挖掘武术的文化内涵,可以促进武术的发展。

第四节　武术文化的层次

文化是武术存在的基础,是武术发展的前提条件。在我国,武术文化被分为外层文化、中层文化和深层文化。其中外层文化包括物质文化,中层文化包括制度文化,深层文化包括精神文化。器物文化、精神文化、道德文化、伦理文化、价值文化、心态文化、行为文化、制度文化和观念文化都是武术文化的重要组成部分。根据文化种类,武术文化可以分为物质文化、心态文化、思想文化三个层次,其顺序为:外层是物质文化,中层是心态文化,内层是思想文化。

一、物质文化

物质文化是武术文化中存在实体的文化类型。武术技术、武术理论、武术招式、武术套路、拳种、功法、器械等实体都属于武术的物质文化。器材设备是武术实体文化传播的载体,是人类进行健身活动、修身养性、保护安全的重要工具。

二、心态文化

心态文化是武术文化中核心文化的延伸文化。心态文化没有实体,包括武术的价值观念、思维模式、审美情趣、武德规范、行为准则、伦理思想、宗法制度等文化内容。武德决定了武术伦理文化的发展方向。武德和武术伦理属于武术的行为文化。制约人的行为,纠正人的思想,完善人的情感表达,则是武术心态文化的主要作用。在武术的文化结构中,心态文化属于深层次文化,受外界因素的影响较小。

三、思想文化

思想文化是武术文化的核心部分。中国武术文化的核心内容和基础是中国传统文化。武术文化是中国传统文化的具体体现,包含了中国传统文化的精髓。中国武术文化的发展伴随着中国传统文化的发展。在中国传统文化的影响下,中国武术文化不断发展壮大,出现了百家争鸣的局面。中国传统文化决定了中国武术文化的层次结构。传统文化思想是很多武术流派的思想基础。中国武术的思想文化涉及很多学科,其中包括古代哲学、伦理学、兵学、中医学、史学、宗教学、美学等。

物质文化体现了武术文化的真实性,心态文化体现了武术文化的内隐性,思想文化体现了武术文化的传承性。物质文化代表了武术文化的发展程度,心态文化决定了习武者的处事原则和道德规范,思想文化决定了武术文化的精髓,承载了民族的灵魂。三种文化层次之间存在着较为密切的联系。

四、道德文化

在武术道德方面,礼本来指交往的方式。首先,武术"礼"体现为确立"度量分界",即对习武者社会秩序的构建和维护,彼此不越界,由此建立起武术门派的社会秩序。其次,武术强调人的重义守信,克己正身。

五、精神文化

中国人具有坚强的意志力,能够适应各种艰难的环境。习武者经过日积月累的练习,具有刚健自强的精神,以及强烈的爱国主义精神,许多武林志士在国家危亡时刻挺身而出,舍身取义。

第二章 京师武术文化

第一节 京师武术文化的起源和发展

京师作为我国的历朝历代国都,各行各业所聚集之地,是经济最发达,文化交流最为活跃的地方,吸引了大批的艺人在此卖艺,杂耍、保镖、拳师等职业为武术的发展提供了空间。

一、京师地理位置的变迁

(一)我国古代各朝代的京师

京师,即首都,是一个国家政治、经济、文化等各个要素的聚集地,象征着国家权力和统治者的地位。在所有城市中,京师的地位是最高的。在古代封建社会中,京师的崇高地位表现尤为明显。相比世界各国,中国的首都经历了多次变动,变动次数远多于其他国家。华夏文明具有强大的包容性和成长性。这些特性的出现,得益于我国广阔的国土和多样化的地域经济。在中国5000多年文化的发展过程中,有200多座城市被历代统治者选择为首都。

夏朝是我国历史中第一个封建王朝,夏朝的国都是我国的第一座首都,标志着我国都城形成的开端。为了躲避外族入侵和自然灾害,夏朝统治者多次迁移首都。夏朝灭亡后,周朝建立。按照迁都频率,周朝的首都可以分为前期和后期两个阶段。在前期,周朝政权稳定性较差,统治者需要频繁迁都。在后期,周朝政权趋于稳定,周朝首都不再发生变化。周朝是我国历朝持续时间最长的朝代,共持续了800余年。周朝分为西周和东周两个时期。公元前771年之前,周朝属于西周,都城位于镐京。公元前771年后,西周灭亡,周平王将都城迁移至洛邑,象征着东周的开始。东周时期,统治者的中央政权逐渐弱化,无法对诸侯国形成强有力的制约。周王室的地位和诸侯国的地位相同。全国各地诸侯均成立了诸侯国。每个诸侯国都拥有都城,国都数量大幅度增加。在西周时期,西周的都城是岐周,后来出现的都城均为陪都。先秦时期,华夏民族逐渐繁荣,统治者频繁迁都,扩大国土面积。都城的迁移扩大了华夏文化的传播范围,推动了华夏文化和其他文化的融合。中华文化从中获得了发展壮大的基础。

秦朝是我国第一个统一的中央集权制封建王朝。秦始皇建立秦朝后,将咸阳选为都城。统一全国后,秦始皇开始统一全国范围内流传的文字、货币、度量衡,加强国家对地方的控制力度,为中华文化的发展创造了良好的地理环境和文化环境。秦朝之后,我国出现了或统一或分裂的王朝。秦朝、汉朝、隋朝、唐朝等都属于较为统一的王朝。三国时期、南北朝时期、五代十国时期等都属于较为分裂的王朝。在统一的王朝中,西汉的都城是长安,东汉的都城是洛阳,西晋的都城是洛阳,隋唐的都城是长安。在分裂的王朝中,蜀国的都城是成都,魏国的都城是洛阳,东晋的都城是建康。

通过观察不同时期各个朝代的都城,我们可以得出结论:在王朝较为统一的时期,封建统治者更倾向于将都城定位在北方。在北宋之前,历代王朝建立都城的城市主要集中于长安、开封等。在北宋之后,历代王朝建立都城的城市主要集中于北京、开封、南京、杭州等。国都的变迁会改变国家经济重心的文治,重新分配政治、军事、历史、地理等因素。在西周以前,三河地区是统治者的主要迁都地区。西周之后,宋朝之前,关中盆地和伊洛盆地,是统治者的主要迁都地区。宋朝之后,东部近海地区成为统治者的主要迁都地区。

时代的发展改变了历朝都城的位置。中国古代文明持续了数千年,其中统一王朝的持续时间约 3 000 年,分裂王朝的持续时间约 1 300 年。统一是我国朝代形态的主流。在统一的朝代中,前期迁都由西向东,后期迁都由南向北。国都的迁移改变了国家的经济发展中心,推动了不同民族文化之间的交流、融合,改变了都城周围的地理环境,重新分配了国家的政治因素和军事因素。简而言之,都城位置的变迁推动了中华民族的发展,以汉族为主要组成部分的中华民族逐渐发展成为强大的民族。

(二)京师的社会背景

在选择都城时,统治集团的利益是统治者首先考虑的因素。纵观历史,各朝代统治者选择作为都城的城市都具有良好的天然防御,土地肥沃,山水齐全,交通便利,经济发达。天然山脉可以构建都城的防御工事,四通八达的交通可以保证都城的运输通畅,丰饶的土地可以保证统治者和都城居民衣食无忧,大川河流可以为都城居民提供充足的水源。自然环境、地理地势、气候条件等,是影响统治者选择都城的主要因素。自古以来,我国各朝代都城都具备较强的军事防御能力,繁荣的经济实力,秀美的高山大川,便利的交通运输。运河的起点、终点、途经区域都和都城有着密切的联系。时代发展会影响都城的选址。都城的选择需要考虑国家的政治中心、军事中心、经济中心。时代的发展会改变国家的中心,都城没有绝对理想的选择。统治者的个人好恶无法完全决定都城的选择。政治、经济、文化、军事、地理是影响统治者选择都城的主要因素。在我国 5000 多年的历史文明中,共有 8 座著名的城市被各朝统治者频繁选择,其中包括北京、西安、洛阳、安阳、郑州、开封、南京、杭州。这 8 座城市被称为八大古都。

(三)北京成为京师的原因

安全是首都选址的首要因素。首都是全国人民的心理寄托和精神寄托之处。首都被占领,将会直接摧毁全国人民的心理防线,影响国家的生死存亡。西周时期,都城镐京被犬戎占领,标志着西周的灭亡。北宋时期,都城汴梁金军被占领,标志着北宋的灭亡。明朝时期,都城北京先后被李自成、多尔衮占领,标志着明朝的灭亡。首都选址的基础是城市的经济发展状况,经济决定了首都居民的生活质量和生活水平,居民的生活状况决定了社会的稳定性,社会的稳定性决定了统治者的政权稳定性。西安、洛阳等各朝都城的社会经济都较为发达。都城一般会选择位于国家中心的城市。中央区域有助于首都联系全国各个区域,调配资源和经济利益。

历史机遇和地理位置是北京成为首都的重要原因。北京依靠太行山、燕山,东部面对大海,南部是平原地区,整体呈现半封闭的状态,易守难攻,军事优势明显。

蒙古游牧民族是元朝的统治阶级。中原地区、南方地区的地理环境和气候,无法满足蒙古民族的生存需求。位于农耕文化和游牧文化交汇处的北京,成为元朝统治者的最佳选择。北京地区独有的农耕经济和游牧经济,为蒙古少数民族提供了转变的机会,满足了元朝统治者的战略需求。相比北方少数民族地区,北京地区的经济发展水平要高于少数民族地区,占据了北京,元朝统治者就具备了抗击其他少数民族的基础。北京的地理位置位于东北平原、华北平原、蒙古高原的交汇处,为元朝统治者提供了充足的安全保障。一旦战争失利,元朝统治者就可以直接率众返回蒙古高原。明朝建国之后,朱元璋将南京作为都城。南京的优势是具有天然屏障,易守难攻,安全性较好,其劣势是距离北方要塞较远,抗击元朝残余军队比较困难。靖难之役后,燕王朱棣继位,迁都北京。北京第二次成为我国朝代的都城。迁都北京,远离了当时我国经济发展水平较高的区域,京杭大运河满足了北京的粮食供给需求。明朝灭亡后,清朝建立。北京再次作为清朝的都城,成为清朝统治全国的基础。

新中国成立后,全国人民都在关心中国首都的选址问题。以毛泽东为核心的第一代中国共产党领导人列举了历朝古都,详细分析每一座城市的优势和劣势,最终将北平(北京)定为新中国的首都。北平交通便利,位于东北和关内的连接处,东部渤海属于内海,有辽宁半岛和山东半岛驻守渤海海域,靠近苏联(俄罗斯)和蒙古地区,发生战争的可能性较小。北平作为明朝和清朝的首都,持续时间长达五百年。在中国人民政治协商会议第一届全体会议上,所有参会代表一致通过,北平正式成为新中国的首都,更名为北京。

二、京师的地理环境

(一)地理环境对文化的促进作用

在社会实践过程中,人类的价值观念会对象化为文化。自然环境是文化产生的基础,不属于文化的范畴。气候和地理环境影响了北京地区的人文环境。区域划分、人地关系、地理特征都是影响地域人文环境的重要因素。在古代,我国没有较为系统的地理学理论和人文地理学理论,缺乏相关理论研究。在近代,国外已经出现了较为成熟的人文地理学研究,比如德国的环境决定论、法国的可能论等。第二次世界大战后,各国逐渐形成了独立的部门,研究人文地理学理论,开发人文地理学技术。在当代,人文地理学的发展速度较快。空间、全球化、城市化、人口、迁移、文化、景观、发展、政治等,都成为人文地理学的主要研究方向。经济地理学、城市地理学、旅游地理学、政治地理学等,成为人文地理学的主要分支学科。经验主义方法、实证主义方法、现象学方法等,成为人文地理学的主要研究方法。地理学逐渐成为研究人文环境的核心学科。

为了研究地理环境对人文环境的影响,我们可以从人地关系入手,借助国外成熟的人文地理学知识和理论,坚持唯物主义原则,了解北京地区的地理环境和人文环境之间的关系。政治、经济、文化、人群、风俗都会受到地理环境和气候环境的影响。按照人和环境的相处模式,可以将人文环境理论划分为环境决定论、环境可能论、环境适应论等多种人文环境理论,其中协调论、可持续发展论是人文环境领域接受程度最高的两种研究理论。

(二)北京地理环境对文化的影响

北京位于我国北部,地形主要以山区和平原为主,山区较多,平原较少。北京西部、北部、东北部以山区为主,整体分布呈扇形,围绕在北京平原地区。北京整体地势呈现出西北较高、东南较低的状态。起源于西北山地的五条大型河流流经北京地区。暖温带半湿润大陆性季风气候是北京地区的主要气候类型,这种气候类型的特点是冬夏季时间较长,春秋季时间较短,夏季持续高温,降水丰富,冬季温度较低,空气干燥。

地理环境对北京文化的影响较为显著。在先秦时期,北京文明初步形成,北京地区气候恶劣,战乱频发,距离中原地区较远。常年战乱、气候寒冷、土地贫瘠,严重缩短了北京地区居民的平均寿命,削弱了人们的身体素质。北京地处东北平原、华北平原、黄土高原、蒙古高原的交汇处,汉族和北方游牧民族连年征战,农耕文化和游牧文化在北京不断对抗和融合。

三、京师的人文环境

地理环境是京师文化产生的基础。京师居民是京师文化产生的关键因素。为了满足生活需要,获取个人利益,北京地区逐渐形成了具有浓厚地域特色的文化和民风。汉文化是北京文化的主体内容,其中包含着部分少数民族文化。照文化的强弱,京师文化可以分为强势文化和弱势文化两种类型,二者都具备完整的文化属性和明显的文化特征。华夏汉文化的包容性较强,文化体系完整,可以包容少数民族文化,吸收其他文化的精华来补充汉文化的内容。

(一)先秦燕国文化

先秦文化是华夏文化的先驱者,对华夏文明的影响较为显著。在先秦时期,北京属于燕国的国土范围,燕国文化是先秦文化的重要组成部分。国力和环境都是文化发展的重要影响因素。燕国是诸侯国之一,成立于周朝。公元前222年,持续了800余年的燕国被秦国打败,宣告灭亡。燕国文化属于周朝文化的组成部分之一。燕国地处北部,和其他诸侯国没有较多往来。燕国文化中时常具有一种慷慨悲壮的气息。燕国统治者常感叹燕国国力弱小,难以抵抗强大的外敌侵略。政治经济落后是燕国覆灭的主要原因。燕国文化属于苦寒文化的一种表现形式。在苦寒文化的影响下,燕国文化出现了很多可歌可泣的英雄事迹,比如"荆轲刺秦王""黄金台招贤"等。

为了招揽天下英雄,燕昭王下令建造土台,在土台放置黄金,谋求国家发展。之后,金台夕照成为著名的燕京八景之一。在国家危难、民族存亡之际,燕昭王使用金台招才的方法告知后人,人才是国家的根基,统治者要善于发现人才,重用人才。之后,黄金台逐渐被抽离现实,成为一种永久存在的燕国文化,表现了燕国对人才的渴求、重视和尊敬,以及用人的豪迈。

(二)秦汉唐宋时期的文化融合

在接触和交流过程中,不同特征的文化互相吸收、渗透、学习、融合的过程,被称为文化融合。在秦汉唐宋时期,北京文化的发展可以分为两个阶段:第一阶段是北京内部文化的融合;第二阶段是内部文化和游牧文化的融合。

在第一阶段,秦王灭六合统一天下,建立了我国历史上第一个统一的中央集权制封建王朝,统一了全国各地区的文字、货币、度量衡等,推动了国家经济、政治、文化的发展,促进了民族融合,巩固了统治政权。为了消除威胁政权稳定的不利因素,秦王限制了民间的各类武术活动,北京地区的习武之风被严重压制。

秦朝之后,汉朝一改秦朝的武力统治风格,使用文治治理国家。汉朝统治者推行儒家学说,使用儒家思想规范人们的行为和思想观念,将儒家利益融入民风民俗中。

隋朝统一全国之后,北京文化融合的第二阶段正式开始。文化的产生和传播需要载体。人是文化最好的载体。幽州地区的文化由汉文化、胡民族文化共同组成。文化的主导由汉族人的数量和胡民族人的数量决定。汉民族人数较多时,汉文化是幽州的主导文化。胡民族人数较多时,胡文化是幽州的主导文化。从秦朝开始,幽州地区的居民组成不断变化。当王朝由汉族统治时,幽州地区的居民由汉族主导。当王朝由少数民族统治时,幽州地区的居民由少数民族主导。幽州文化同时具备汉文化的内容和少数民族文化的内容,是汉文化和少数民族文化融合的产物。居民的组成结构决定了幽州文化的发展方向。

在华夏数千年的文明中,幽州处于北方,是汉族和少数民族的交汇处。在幽州,汉文化和少数民族文化产生激烈的碰撞,在碰撞过程中逐渐融合。胡人文化对汉族居民产生了影响,被称为幽州文化的胡化。汉人文化对少数民族居民产生了影响,被称为幽州文化的汉化。自然的渐变和人为的骤变是幽州文化演变的两种方式。从先秦时期到秦汉时期,华夏文明是幽州文化的主导者。秦汉时期之后,光武帝刘秀向幽州地区迁移了大量游牧民族,使幽州地区的人员构成逐渐发生变化。游牧民族的大量迁移改变了关中地区的人口组成。在部分地区,少数民族的数量占据了地区总人口的一半以上。大量的少数民族移民逐渐改变了关内部分地区的文化内容,成为动摇王朝统治的潜在因素。西晋时期,很多官员都建议当时的统治者驱逐关内地区的蛮夷之人,统治者没有采纳众官员的建议。最终,关内地区的胡人发生了叛乱,导致了西晋政权的灭亡。

南北朝时期,幽州属于蛮夷的统治范围,周围出现了各种邦国。为了巩固统治政权,奴役汉族人民,幽州统治者开始学习汉族文化。儒学成为幽州统治者选拔官员的主要考试内容。北魏时期,汉族文化成为幽州地区的主导文化。为了解决鲜卑和汉族之间的矛盾,孝文帝将汉文化作为国家的主导文化,下令所有居民必须穿汉服、说汉语、改汉姓、遵循汉族礼节、允许鲜卑人和汉族人结婚生子、推广汉族各类制度、推行儒家学说。

隋唐之后,幽州再次进入汉族的统治范围。为了扶持北方少数民族,唐朝统治者将管理权力分配给幽州少数民族。幽州成为唐朝抵御关外侵略者的重要城市。少数民族的人数增多,少数民族掌握控制权,幽州文化的汉文化逐渐被胡文化取代。少数民族的剽悍、尚武逐渐成为幽州地区的主要风格。

五代之后,契丹族和女真族先后占领幽州地区,沿用汉族的制度统治幽州。科举、联姻、官职成为少数民族统治者笼络汉族优秀人才的主要手段。在辽金时期,汉族人在少数民族统治国家享有特殊的地位和权利。利益成为优秀人才效忠政权的主要因素。

从秦汉时期到辽金时期,幽州文化经历了千年的变迁。在文化演化的过程中,幽州地区的人口组成往返更替,汉族人和胡族人混合居住,胡族人的剽悍民风和粗犷的民族风格逐渐改变了汉族人。相比先秦时期的燕国,幽州文化中的汉文化和儒学文化逐渐衰落,胡文化成为幽州文化的主导者。在不同民族融合、对抗、交流的过程中,幽州文化进入了文化汉化和文化胡化的交替阶段。在中原地区,汉族将幽州地区的文化变迁看做胡化;在幽州地区,少数民族将幽州的文化变迁看做汉化。在对抗和交流的过程中,幽州原有的汉文化和少数民族文化逐渐融合,发展成为一种新的幽州融合文化。

(三)建都后的首都文化

元朝之后,北京成为首都,占据了国家的文化中心和经济中心,文化和经济都进入快速发展时期。繁荣的社会经济为文化的发展奠定了良好的基础。从唐代后,我国经济中心呈现出向南偏移的局势。北京重新成为首都后,全国各个地区成为北京的经济供给区域,国家统治者和北京原住民成为北京地区的主要居住人口。朝廷成为京师文化的主要影响因素。相比地方文化,京师文化逐渐呈现出平和中庸的状态,失去了时代的先进性。北京特殊的地理位置,为中原农耕文化和北方游牧文化提供了良好的融合环境。北方的骑射文化逐渐改变了北京的文化组成。五四运动将马克思主义带入北京文化中。北京文化逐渐走向文化的前沿,具备了时代的先进性。至今,京师文化一直处于全国地区文化的领先地位。北京成为我国文化的中心。

皇权至上、兼容并蓄、集大成是封建社会文化的主要特点。北京地区是封建社会等级制度表现最为突出的地区。紫禁城是我国历朝皇帝的居住场所,位于北京城的中心地带,宫殿建筑风格宏伟。皇帝的饮食是全国最好的饮食,代表了中国最高的烹饪水平,被尊称为御膳。烹饪皇帝饮食的场所,被称为御膳房。唐朝之后,黄色称为象征皇权的颜色。各代皇帝的衣着都以黄色为主。在不同的场合,皇帝需要穿戴不同的服装。为了维护皇权,各代皇帝都推行典章制度。礼仪是典章制度的重要组成部分。在典章中,皇家居住的场所为禁地,闲杂人等不得随意入内,保护皇家庭院安全的卫兵数量众多,遍布各个角落。皇宫中的每一条道路都有着森严的等级划分,不同官职的人员行走不同的道路。

兼容并蓄是指首都是国家文化的中心。华夏文化是我国文化的主体文化,具有强大的包容性。对于少数民族文化,华夏文化不歧视,不排挤。北京处于华北平原的北端,和少数民族接壤。自古以来,北方游牧民族频繁对北京地区发动侵略。元朝时期,蒙古族进军北京,将草原文化带入了北京城。为了满足蒙古族的生活需求,京城郊区成为蒙古人的猎场,用于满足蒙古人的骑射需求和捕猎需求。清朝时期,满族进军北京,八旗弟子成为北京地区的常住人口,改变了北京地区居民的衣着和行为方式。鸦片战争后,北京出现了很多高等教育组织,为当时的清政府培养了大量优秀人才。五四运动后,民主、科学等新文化内容融入北京城。参与新文化运动的知识分子再次改变了北京文化的内容。

集大成是指北京作为全国的首都,汇聚了全国所有地区的精髓,包括珍品、宝物、书画和藏品等。圆明园、颐和园等皇家园林,凝聚了国内园林大师的毕生心血,是我国园林艺术的代表作品。北京建立国子监,举行会试和殿试,选拔优秀人才,补充统治者的人才储备。来自全国各地的知识分子不辞劳苦,前往北京参加科举,希望考取功名,光宗耀祖。大批没有中举的知识分子,或返回家乡,或外出任职,或留京当官,为全国各个地区传播了北京文化。北京汇聚了全国各地的艺人,很多艺术家都会进京表演,丰富了北京的艺术文化内容。融合多个剧种改编而成的京剧,成为我国的国粹。北京收集了全国各地的资料、著作、典籍,编写了《四库全书》《满文大藏经》等多部著名书籍,成为我国书籍收藏数量最多的城市。

第二节　古代京师武术文化的社会形态、价值体现

历史时期的划分依靠生产方式。根据生产方式的不同,我国古代社会发展史可以分为原始社会、奴隶社会、封建社会。1840 年,鸦片战争爆发,中国进入半殖民地半封建社会。半封建半殖民地社会属于我国的近代社会发展史。新中国成立之后的社会形态属于我国的现代社会发展史。

一、古代京师武术文化的社会形态

首都是各朝最高统治者的居住场所,宫廷象征着统治者的最高统治权,宫廷武术代表了国家最高的武术水平。武术可以为国家的安全和统治者的安全提供必要的保障。首都汇聚了国家的政治、经济、文化等因素。首都的安全是至关重要的,武术是保卫首都安全的重要手段。军旅武术在首都的发展环境较好,武举制度是民间武术进入京师的唯一途径。

(一)古代宫廷武术文化

宫廷是帝王的居住地,象征着王权和统治。宫廷武术是古代京师武术文化的核心,由帝王和宫廷内专门人员修习的武术内容组成,凝聚了全国武术文化的精髓。

1. 帝王武术

在古代社会,帝王拥有统治全国的最高权力。各个国家的开国皇帝都经历了无数战争的洗礼,武术是每位帝王都极为重视的基本能力。各个朝代的统治者都会学习武术,也要求子孙后代进行学习。

(1)明朝时期

从明朝的建立到灭亡,共出现了16位皇帝。在这16位皇帝中,大部分都极为重视武术的练习,比如明太祖朱元璋、明成祖朱棣等。

武力是朱元璋争夺帝位的主要方式。朱元璋称帝后,严格要求子孙后代学习武术,以增强身体素质,成为文武兼备的帝王之才。

明成祖朱棣是朱元璋的第四个儿子。在朱元璋的指导下,朱棣自幼习武,10岁成为王侯。青年时期,朱棣居住在北京,负责边疆的驻守事宜。在北京时,朱棣阅读了大量书籍,练习骑射技术,学习兵法知识,多次击退关外的侵略者,战功显赫。每次战争结束后,朱棣都会总结战斗经验以弥补自己战争策略的不足,多次率兵追击敌人残部,全歼敌军。朱棣一生极为热爱武术,对子孙后代的要求也非常严格,朱棣的三个儿子都从小跟随朱棣练习武术技能。

(2)清朝时期

相比明朝的历届皇帝,清朝的皇帝对武艺的追求更胜一筹。明朝实行的是御立东宫制度,清朝则实行秘密建储制度。清朝的制度可以有效防止没有真才实学的皇子成为储君。建储制度的实施,激发了所有皇子的学习动力。每位皇子都艰苦训练,希望成为未来的天子人选。四书五经、史书、诗词歌赋、骑射、武术是清朝教育皇子的主要内容。

清太宗皇太极自幼习武,跟随父亲和兄长南征北战多年,极为重视满族武术。在幼年时期,康熙接受了极为严格的骑射教学和行猎训练。乾隆皇帝的骑射技术较为精湛。骑射成为清朝各代皇帝极为推崇的武学技巧,一直延续至嘉庆道光年间。

2. 宫廷武术娱乐活动

娱乐活动是指具有娱乐性质,可以满足观众娱乐需求的表演活动,深受人们的喜爱。相比平民百姓,宫廷中人们的娱乐时间较多,娱乐内容多样,娱乐方式复杂,有各种类型的娱乐活动。娱乐功能属于武术的基本功能之一。很多宫廷娱乐活动中都会加入武术的动作,在满足宫廷娱乐需求的同时,可增强宫廷人员的身体素质。射箭、摔跤、舞蹈,都属于宫廷武术娱乐活动。紫禁城内和宫廷之外都是皇帝的娱乐场所。

(1)元朝时期

游牧民族热衷骑射,精通骑射。骑射可以满足游牧民族的生活需求,也能帮助游牧民族抵御外敌。骑射技术是游牧民族世代相传的传统武术技能。

在闲暇时间,游牧民族会举行射箭比赛和骑射比赛,以增进感情,比拼武艺。娱乐和阅兵是皇帝进行骑射活动的主要目的。元朝时期,北京南部郊区是皇帝进行骑射的主要场所。

（2）明朝时期

明朝时期的皇帝沿用了元朝时期的皇室骑射活动。南海子是明朝初期皇帝的主要骑射场所。明朝天启年间,皇帝在内府后建立了新的猎场,供骑射活动使用。明朝的很多画家都绘制了有关皇帝骑射活动的画作。故宫博物馆现保留着当初的部分画作。

（3）清朝时期

清朝皇室开创了新的宫廷娱乐活动,即塞宴四事。塞宴四事的主要作用是联络感情,巩固政权。摔跤是塞宴四事的活动内容之一,属于武术活动的一种。围猎是康熙增强军士将领战斗力的主要方式。在现在的河北、辽宁地区,康熙建造了大型猎场,用于训练军士将领,检验军士将领的战斗能力。

舞蹈是娱乐活动的主要表现形式之一。宫廷中的舞蹈主要以骑射和狩猎的方式进行。清朝的庆隆舞主要用于描绘满族人的生产活动和生活状态。在清朝的各种大型宴会中,皇帝都会安排庆隆会,用于调动宴会气氛。在除夕、万寿节、皇帝婚礼、祝寿活动中,都会进行庆隆舞的表演。

3.大内高手

在古代,皇帝居住的宫殿称为大内。大内高手是保护皇宫安全,负责皇宫警戒的武艺高强群体的统称。

（1）锦衣卫中的大内高手

卫所制度是明朝的主要军事制度之一。在都城南京,朱元璋设立了四十八卫。在北京,朱棣设立了七十二卫。卫管理所,卫分为上卫和下卫。上卫直接受皇帝管理,负责保护皇宫的安全。锦衣卫属于上卫的一部分,负责皇帝的安全。担任皇帝侍卫的人,武艺高强,大多是将军、校尉、力士等。锦衣卫中的将军被称为大汉将军,享有御座听政的权利。在出巡时,大汉将军要伴随皇帝两侧,负责皇帝的安全。锦衣卫的指挥官是御林军首领,官居正三品,大多是皇帝的亲信。

（2）清朝的大内高手

清朝的侍卫主要负责皇家的安全,属于管理性质的安全机构。大臣、内大臣、大臣统领、亲卫军,是清朝侍卫的主要组成人员。按照职位职责,侍卫可以分为御前侍卫、乾清门侍卫、三旗侍卫。乾清门内属于内廷,是皇帝办公的居所,没有皇帝命令,任何人不能随意进入内廷。御前侍卫伴随在皇帝左右,乾清门侍卫负责驻守乾清门,三旗侍卫负责驻守皇宫大门。侍卫的选拔过程极为严格,所有担任侍卫的人员必须出身上三旗。之后,皇帝扩大了侍卫的选拔范围,将下五旗和武进士纳入侍卫选拔范围。

侍卫的武艺高强,精通骑射之术。在军士将领中,担任侍卫人数较多的是精通骑射的蒙古子弟。在宗室中,精通骑射之术的宗室子弟才能入选侍卫。由武举选拔为侍卫的武举人、武进士,则被称为汉侍卫。精湛的武术技能是侍卫的必备本领。侍卫主要负责保护皇帝和皇宫的安全,武术训练强度较大。侍卫统领会定期考核每一位侍卫的武术技能。

(二)古代军旅武术文化

在古代,皇权象征着国家的最高统治地位和至高无上的统治权。军旅武术是维护、筑固皇权统治的主要工具。古代的战争主要以冷兵器为主,军旅武术可以为皇室提供足够的安全保障。在古代武术文化中,军旅武术是古代武术的重要表现形式之一。求生避险是所有武术练习的最终目的,实践是武术运用最好的检验环节。在古代军旅中,军旅武术是所有军士都需要学习的战场搏杀技能。御林军是古代军旅最具代表性的军队组织。御林军文化是古代军旅武术文化的主要内容。

保护京城、皇室、皇帝,是御林军的主要职责。在古代,御林军是皇室独有的特殊军事力量,是皇家禁卫军的专属称谓。朝代的更替改变了御林军的称谓,比如禁军、卫士、卫兵等。在皇帝出征时,御林军要时刻保护皇帝。在皇帝出巡时,御林军要时刻保护皇帝和皇帝座驾的安全。御林军首次出现于我国秦汉时期,一直持续至明清时期。

(1)元代御林军

在中国历史上,元朝是第一个由少数民族建立的封建王朝。忽必烈将北京定为元朝的都城。元朝之后,北京相继成为明朝和清朝的都城。各朝代统治者组建的御林军为北京提供了充足的安全保障。在元朝,御林军称为中央禁卫军,宿卫和侍卫亲军是御林军的主要构成人员,主要负责皇帝和皇室的安全,直属于皇帝,一般不会参加国家之间的战争。

(2)明代御林军

在明朝,燕王朱棣离开南京后,将北京作为新的都城,这是我国历史上第一次把由汉族掌权的王朝定都北京。北京地处北方少数民族和中原汉族的交界处,由少数民族发起的侵略战争时常出现。为了保护北京的安全,朱棣对御林军的构建十分重视。最终,明朝的御林军人数多达百万,是所有朝代中人数最多的御林军队伍。保护北京、守卫皇帝、对外作战、维护治安都是明朝御林军的主要职责。朱棣给予了御林军较大的管理权力,御林军可以管理内政和军务,调查朝廷群臣,抓捕朝廷要犯。

（3）清代御林军

清朝时期,北京被定为清朝的都城。清朝的御林军数量远少于明朝。守卫北京是清朝御林军的主要职责。八旗军和绿营军是御林军的主要组成人员。八旗军负责守卫皇宫、守卫北京。绿林军负责维护社会治安。在八旗军中,上三旗属于皇室的守卫军,主要负责驻守内廷、乾清门和皇宫。御林军统领设侍卫内大臣,主要负责保护皇帝、管理宿卫。

御林军是皇帝的直属军事力量。保护皇帝和皇宫安全、维护京城治安,是御林军的主要职责。每一位御林军成员都是经过精心挑选的忠心将士,属于国家的精锐军事力量。御林军的武术技能精湛,心思缜密,行动效率高,是皇帝巩固统治政权最大的依仗。

（三）古代民间武术文化

在古代,武术是统治者巩固封建统治政权的重要工具。在元朝和清朝,统治者都属于少数民族。为了取得统治者的信任,民间的习武之人必须参加武举考试。在统治者的禁武行为影响下,民间武术逐渐趋于边缘化。

1. 以武入仕

为了巩固统治政权,各朝代统治者会使用思想工具阻碍民间习武活动,实现维持社会治安的目的。武力是统治者消除战乱,巩固统治的主要工具。唐朝时期,武则天开创了武举制度,招揽天下武艺高强之人进入仕途,为国效力。武举制持续了1 200年。1901年,清朝光绪皇帝下令废除武举制度。武举制推动了民间武术的发展,为民间习武之人提供了以武入仕的途径,提高了国家的武术水平。在清朝之前,各朝代统治者都持续沿用武举制度,逐渐完善了武举制的内容。在武举考试中,武状元可以直接进殿担任一等侍卫,举人和探花可以担任二等侍卫。

2. 以武谋生

在古代,民间习武之人依靠武术谋生的难度较高,在京师依靠武术谋生更是难如登天。京师是全国政治、经济、文化的中心,拥有强大的消费能力和商业发展能力。武术作为商品的一种表现形式,可以满足武者对生活资源的需求。京城居住着各种达官显贵,贵族的居所需要有人防守和看护,贵族的子孙后代需要学习武术。这些都是民间武者谋求工作的机会。初到京城时,很多著名的武术大师都是从看家护院和教授武术开始的。

镖局的起源可以追溯至先秦时期。在清朝中后期,镖局的发展逐渐成熟。在镖局的初期发展阶段,一般只有几位武术家和少量匠人,武术家负责保护镖车,匠人负责镖车的维护和维修。镖师是以武谋生的最典型职业。每一位镖师都具有精湛的武艺,负责保护雇主的生命安全和财产安全。运输结束后,雇主会支付给镖师一定的雇佣费用。兴隆镖局是北京成立时间最早的镖局,为早期的一部分习武之人提供了一条谋生之路,为他们营造了实践武术的环境。之后,镖局的规模逐渐发展壮大,慕名而来的习武之人的数量显著增多。为了应对走镖过程中可能出现的各类危险情况,镖师需要不断练习武术技能,增强身体素质,保证镖局业务的顺利开展。镖局的出现催生了一批以走镖为生的镖户。政府为镖局开展业务提供了最大的支持。

3.以武立势

为了获得更好的生存环境,古代的习武之人会加入各类武术组织,团结所有习武之人的力量。

镖局是镖户生存的基础。镖户依靠武术获取生活资源,维持日常生活。镖局的规矩很严,需先从伙计做起,然后做"趟子手",再做镖师,直至镖头,在此期间考核镖局新人的人品及技能,镖局的发展壮大主要靠镖局声誉和威望,同时镖局的规矩就是必须拜师,可以带艺拜师,也可以无艺拜师,以传授武术技能,因此,镖局的组织成员大多是师徒关系,其所练武术也属同一门派,镖局在没有押镖或看护任务时,徒弟需每天练习各种武艺技能。

武术可以聚集民间大部分习武之人,逐渐形成规模性武装势力。各朝代的统治者都会控制民间的地方性武装势力,这种控制在元朝、清朝更加明显。清朝时期,为了限制民间武术的发展,统治者颁布了禁武令,明令禁止民间修习武术,习武之人不得进入京师地区,以此打压民间武术的发展。在古代,宫廷武术是京师武术文化的核心。政府的支持是民间武术群体发展的前提条件。失去了政府的支持,任何民间武术群体的发展都会受到统治者的严格控制。

二、古代京师武术文化的社会影响

京师是帝王居住的场所,是非争端频发。为了保障自己的生命安全,维护京师的社会治安,皇帝对京师的武术环境极为重视。武术是历代帝王夺得政权最大的依仗,也是民间颠覆政权最重要的工具。对于帝王来说,武术是一把双刃剑。御林军武术是帝王可以直接控制的军旅武术。

1.元朝的禁武

在元朝时期,统治者明令禁止任何民间武术活动的进行,严格限制汉族人学习武术,如有发现传授武艺者、师者杖七十次、弟子杖五十次。在元朝的禁卫军中,每次出征完毕,汉族军人需要将武器上缴兵器库。元朝统治者收拢所有流传于民间的武器,禁止汉族人携带武器或保管武器,上等兵器需要收入国库,中等武器直接赠送给邻近的蒙古人,下等兵器直接摧毁。在京城,为了维持京城社会的安定,统治者解除了禁卫军中汉族军人的武装,武器和兵甲的保管极为严格。

京师范围内,不得有任何汉族人学习武术或进行娱乐性武术活动。在元朝,民间武术的发展受到极大的限制。

2.明朝的尚武

明朝发生了多次武力夺取皇权的战争和京城保卫战。每次战争都需要大量的武术人才。燕王朱棣立都北京后,对军事装备和民间武术极为推崇,鼓励人民学习武术,推动了民间武术的发展。在紫禁城周边,很多商人开设了兵器铺,用于贩卖兵器和盔甲。明朝的京师允许任何人携带武器进入。

3.清朝的禁武

清政府鼓励军中将士学习武术,但禁止民间组建任何武术组织,不能招收徒弟,不能传授武术,不能私藏兵器。富贵人家和闲散官员不得私自饲养马匹,收藏兵器、盔甲等。清朝雍正年间,凡私自开设武馆、招收徒弟、传授武术的人,都要受到清朝政府的惩罚。清朝初期的禁武令,压制了民间武术的发展,民间武术水平迅速降低。

统治阶级对民间武术的推崇或禁止,取决于统治阶级的利益。在明朝,统治者需要依靠民间武术的力量夺取统治政权,因此大肆推行民间武术。在元朝、清朝时期,为了维护京城的安全,巩固封建统治,统治者明令禁止以任何形式开展民间武术活动,以打压民间武术的发展。

三、古代京师武术文化的价值体现

文化价值是古代京师武术文化在京师立足的主要原因。古代的皇帝和达官显贵都居住于京师,因此京师的社会治安极其重要。宫廷武术力量是统治者巩固统治政权,建立御林军的主要工具。为了政权的延续,统治者会极力增强宫廷武术力量,严格控制民间武术的发展,避免民间武术发展速度过快,对皇权根基产生影响,特别是在元朝、清朝。宫廷武术是古代京师武术文化的核心,是全国武术文化的引领者。御林军武术文化是护卫京师武术文化的主要因素。民间武术是游离于京师武术文化之外的边缘化武术文化。没有官府的支持,民间武术的发展举步维艰。

搏杀是古代京师武术的主要作用。皇帝直接控制宫廷武术,宫廷武术是皇帝开疆扩土、抵御外敌、铲除异己、维护王权的重要工具。在明朝,燕王朱棣多次率兵远征蒙古。明武宗朱厚照多次带兵抵御蒙古的入侵。

御林军保护京城安全和皇帝安全的主要方式是武术,京师武术的搏杀功能实现了保护安全的目的。在明朝时期,著名将领戚继光曾说过,在军中学习格斗之术的军人,不能再学习观赏性较强的花枪和花架子,应注重武术的搏杀功能和实用性,不能徒有其表,供人观看。在明朝初期发生的多次京城保卫战中,京城御林军依靠京师武术,多次保护了皇室和京城的安全。在清朝时期,清政府专门设立特殊的御林军组织。在和平时期,这支御林军为皇帝表演摔跤,满足皇家的娱乐需求。在战争时期,这支御林军就化身为皇帝的亲卫队,保护皇帝的安全,击退任何来犯者。

宫廷武术、御林军武术、民间武术的主要作用是保护和进攻。在战争时代,武术成为军队杀敌的最佳手段。在古代京师武术中,骑射之术和摔跤之术占据了重要地位,拳脚功夫的地位次于骑射和摔跤。明朝将领曾说过,在战争中,拳脚功夫无法满足大型战争的需要,但拳脚功夫可以活动手脚,强健身体,可以传授给武学的入门者,用于日常练习。在明朝和清朝时期,历代统治者均擅长骑射之术。

第三节 近代京师武术文化的转型

文化环境的剧烈变化为京师武术文化的发展提供了新的发展机遇。在古代,京师武术文化的主要内容是搏杀。在西方先进的火枪武器面前,使用冷兵器的古代京师武术没有用武之地。武术功能的丧失,迫使京师武术文化开始转型。

一、民间武术文化的兴盛

我国的文化源于农耕文化,中国的大部分民间武术源于人民的生产生活中,以及民俗活动中。在近代,时代环境急剧变化,很多民间武术逐渐向城市发展,古代京师武术和宫廷武术的落寞推动了民间武术的发展。

(一)民间武术文化兴盛的时代环境

时代推动了社会的发展,社会中的所有组成部分都要顺应时代的变化。时代决定了社会的发展环境和发展程度。在古代,武术是封建统治者建功立业、维护政权的重要手段。近代后,火器逐渐成为军队的标准配置武器,注重近身搏斗的京师宫廷武术难以发挥搏杀的作用,被军队和时代淘汰。武术的军事价值逐渐弱化,文化价值逐渐提高。民间武术取代了宫廷武术,成为武术的核心内容。

1. 军事功能的更替

清代"鸦片战争"及"甲午海战"的失败让清王朝统治者受到极大的震动,让清朝统治者开始重视火器威力,意识到使用冷兵器的清朝军队难以抵抗于持枪炮的西方军队的入侵,一大批思想家,如林则徐、魏源、龚自珍、严复等,开始学习国外的技术和文化,寄托于以"师夷长技以制夷",开始研究钢铁工艺,制造火药武器,用于抵抗西方列强的入侵。

2.武举制度的废除

唐朝时期,武则天创立武举制度,将军事谋略和武学技巧作为主要考试内容,其中谋略包括兵法、阵法等,武学包括骑射、步射、举重等,同时考验考试人员的文学功底和武术功底。谋略考试的成绩决定了考试者能否进入武术考试。进入武术考试后,考试者的成绩作为排名的主要依据。宋朝、元朝、明朝沿用了唐朝时期的武举考试制度,仅改变了部分考试细节,整体考试内容没有较大变化。清朝后,清政府进一步完善了武举考试的规则和内容,改变了武术考试和谋略考试的顺序。清朝的武举考试以武术考试为主,武术包括骑射、步射、弓箭、大刀、重石。人员的迁移和进京,是中国古代京师武术文化发展繁荣的主要原因。近代后,进入京城的各行各业人口数量显著增多,宫廷武术逐渐走向民间,同时镖局行业的兴盛及民间艺人的摆摊卖艺(包括飞刀、弹弓、飞叉、硬气功、柔术、摔跤等)促进了武术的融合,京城中各类民间武术组织悄然兴起,同时一部分武术家进入艺人行业(戏曲中的武生)或一部分艺人转为以武术谋生者(如镖师等),或者进入大户人家替人看家护院。每年全国都会有大量人员进京参加武举考试。近代后,西方火器的引进,削弱了京师武术的作用。火器成为人们重点研究的内容,武术逐渐被忽视。1901年,清朝光绪皇帝下令废除武举制度,全国开始大力研究火药和火器。武举制度废除后,人们失去了以武入仕的途径,民间武术的发展一度陷入停滞。

(二)民间武术文化兴盛的人员变动

1.城市成为民间武术的发展平台

在古代,人们以家庭为单位,人多地少,加之当时社会生产水平较为低,人们遇到灾年,生活将会十分艰难,每一次灾荒都会带来大量流民,这些流民离开家乡进入城市的同时也促进了文化和技艺的交流,同时,为武术在此期间的相互交流和互补创造了机遇,并且促进了以武术为谋生职业的兴起,镖局行业进入繁荣期,京城的拳社和武术组织相继开始营业。在这个时期,八卦掌、太极拳、形意拳等多种来自全国各地的民间武术相继进入京城,丰富了京城武术的内容。

2.民间武术组织的推动

以下层民众为主要成员,部分武术高手为领导的,将结盟、传教、习武作为主要活动的组织,称为民间武术组织。

清朝是我国最后一个由少数民族统治的封建王朝。清朝中期之后,清政府开始逐渐走向灭亡,各种民间武术组织开始反抗清政府的封建统治。天理教和义和团都属于京师地区的民间武术组织。武术是这些组织对抗清政府统治的主要手段。民间武术活动的兴起,再一次推动了京师武术文化的发展。

义和团是中国代表性较强的民间武术组织之一。义和团运动的主要目的是扶持清政府的统治,抵抗西方列强的入侵。西方的传教士和基督徒是义和团运动的主要打击目标。义和团运动时期,中华民族和帝国主义之间的矛盾取代了封建主义和人民群众之间的矛盾,成为近代中国国内最主要的矛盾。鸦片战争后,帝国主义和清政府开始对义和团施加压力,将义和团运动推向了高峰。义和团的运动范围包括京师地区。清政府默许了义和团对帝国主义的打击行为。在政府的支持下,义和团由民间非法组织正式转变为官方合法组织。武术是义和团进行抗击运动的主要手段。在义和团中,武术教练教授团员各类功夫,包括拳、脚、腿、刀、枪、剑、棍、气功、排打等。很多武术高手慕名加入义和团,壮大了国内抗击帝国主义的民间力量。在近代,义和团运动是推动京师武术发展和京师武术传播的主要因素。义和团失败后,很多义和团成员滞留北京,传授义和团武术,再一次丰富了京师武术的内容。

3. 民间武术文化的功能变动

体育思想进入我国,促进了武术现代化改革之路,激发了社会尚武精神的觉醒。为了学习西方的技术和理论,国内开展了轰轰烈烈的洋务运动。在军事方面,西方的兵法理论和武器制造成为清政府重点关注的内容。在文化方面,以梁启超、康有为为首的维新人士开始宣扬以武强国的思想。洋务运动后,国内的绿营被废除,清政府设立新军,创办西方军事学校,训练西方军事技巧,更改学校的教学内容,近代体育正式开始在国内发展。

京师武术改变了传统的武术形式,体育思想逐渐融入我国传统武术中。1914年,徐一冰向北洋政府教育部提倡,"将武术教育加入学校体育教学课程中,增强中国年青一代的身体素质。"梁启超提出,"武术是振兴中国的重要途径。政府应成立武术学科,向全国人民传授武术知识和武术技巧。东方武术和西方科技的结合,必定可以打败西方帝国主义。"1922年,中华国技武术研究社在北京成立,创办者建立了一套完整的研究宗旨、研究目标、研究内容和活动方式。这些武术组织成为近代中国武术普及和发展的基础。近代后,北京、上海等城市出现了大量武术社团和武术组织。国民政府逐渐开始重视武术。1928年,中央国术馆在南京成立,这标志着中国武术正式进入体育化阶段,各类武术组织、武术比赛、武术群体、武术教学活动层出不穷。之后,中央国术馆、省市国术馆、县区国术馆组成了我国初期的全国国术体系,研究、传授、编撰书籍、管理是国术馆的主要任务,归属于中央国民政府,由财政部直接拨款。

国术馆推动了民间武术的发展,掀起了波及全国的习武热潮,加快了中国武术的体育化进程,但难以全面增强中国人民的身体素质。

二、民间武术文化的历史使命

武术是历代被剥削阶级反抗统治者封建政权的重要工具，改变了历朝人民的命运。当广大人民和统治阶级之间的利益矛盾无法调和时，武术会成为被剥削阶级反抗压迫，推翻暴政的工具。近代后，杀伤力较强的火药武器开始快速发展，弱化了武术的搏杀功能。

（一）反帝反封建斗争中的武术

鸦片战争标志着我国陷入帝国主义列强的侵略中。为了支付高昂的赔款，封建王朝加重了对人民的剥削。在西方帝国主义和中国封建王朝的高压统治下，中国人民的生活环境每况愈下，中国人民开展了浩大的反帝反封建斗争。

1. 京师抗争的英豪

鸦片战争标志着我国正式成为半殖民地半封建国家。清朝后期，清政府使用割地、赔款、签订条约等方式，破坏了中国国土的完整性，损害了人民的利益。残暴的封建统治迫使中国人民开始反抗封建统治和帝国主义。

1860年，英法联军攻入北京。会友镖局的创办者宋迈伦带领手下弟子抗击帝国主义，保护北京商业区。为了保护我国著名铁路工程师詹天佑，宋迈伦派遣了自己的两位徒弟。1900年，八国联军进入北京，杀人放火，烧杀抢掠。八卦掌传人程延华和两队侵略者进行了搏斗，最终死于火枪下。

2. 反帝爱国的义和团运动

京师人民是中国反帝反封建的排头兵，也是义和团运动的主要人员构成。

农民是义和团运动的主体。民间武术和民间宗教是义和团反抗帝国主义侵略的主要方式。义和团运动初期，清政府使用扶持的政策，默许义和团的反帝运动，允许义和团进入京城。义和团运动中后期，反帝反侵略的战争蔓延至整个京城地区。武术是义和团成员进行抗争的重要工具，是义和团吸收新成员的主要方式，是凝聚义和团成员的关键因素。义和团运动的兴起，吸引了大量京城人民加入其中，包括农民、工人、官宦子弟、商人等。义和拳是义和团的雏形。义和拳发展期间，每到一个地方，义和拳成员就会开设武馆，向当地人民传授武术和器械使用技巧。义和团吸收了京师中的很多武林高手，比如会友镖局的镖师刘德胜、李存义、刘奇兰等。

（二）近代革命中的武术价值

近代革命中的武术价值主要体现在，由于军阀混战，底层民众生活疾苦，地痞流氓敲诈、勒索，那段时期，民间武术的价值主要是防身自卫，安身立命。

1. 第二十九军的战歌

火药武器的发展严重削弱了武术的搏杀功能，最终，一些武术消失在历史长河中。在近代中国,武术的战争价值逐渐降低,精神价值逐渐提高,成为激励中国人民反抗帝国主义的重要精神支柱。九一八事变后,日本侵占我国东北三省,使东北三省成为日军侵占全国的根据地。民国初期,冯玉祥领导的陆军第十六混编旅改编为二十九军,宋哲元是二十九军的军长,保卫祖国是二十九军的任务。武术是二十九军日常训练的重要内容之一,很多官兵都具备一定的武术功底。军长宋哲元擅长使用大刀;张自忠擅长使用长枪和大刀,精通骑术;赵登禹精通各种武器器械。西北军是二十九军的前身,军事装备水平明显弱于蒋介石的正规军队,枪支弹药较少,供给严重不足,冷兵器是二十九军的主要武器类型。每次战斗中,二十九军的将士都抱着必死的决心,和敌人同归于尽,并经常邀请民间武术大师指导军队将士练习武术,比如会友镖局镖师李尧臣,是二十九军武术总教官,传授将士们中国传统刀法,改编二十九军原创刀法,增强冷兵器的实用性。

1933 年,日军开始向长城进军,二十九军负责堵截日军的进攻。由于双方装备水平差距较大,二十九军损伤惨重。为了取得战争的胜利,二十九军师长冯治安和张自忠组织了大规模夜袭行动。最终,以夜袭队的惨重伤亡换来了长城战争的胜利。九一八事变后,喜峰口战役是中国军队取得的第一次抗日战争的局部胜利。这次胜利鼓舞了全国人民,激发了全国人民的抗战热情,挫败了日军不可一世的锐气。之后,二十九军大刀队成为抗日战争中的标志性队伍。

1937 年,卢沟桥事变爆发。负责镇守平津地区的二十九军首先面对日军的入侵。在战争中,二十九军将士悍不畏死,英勇杀敌,使用大刀、手榴弹、老式步枪抗击装备先进的日军部队。最终,二十九军副军长佟麟阁和旅长赵登禹光荣牺牲。战争结束后,为了歌颂二十九军将士的牺牲,作曲家麦新创作了《大刀进行曲》,用于歌颂二十九军大刀队将士的丰功伟绩,鼓舞全国军队和人民的抗战信心。至今,《大刀进行曲》依然流传在中华大地。

2. 尚武立国思想的传播

1904 年,梁启超出版书籍《中国武士道》。在书中,梁启超提到,国民的精神和思想,决定了国家能否实现革新。尚武精神是中国立国的精神支柱。

在此背景下,学校在体育教育中增加武术技能的传授和练习,旨在增强国民体质,达到"强国强种",认为只有民众的身体素质提高才国家才能强大,武术在战争中的作用逐渐降低,尚武之风开始在全国盛行。1912 年,北京体育研究所成立,开展和普及武术运动是研究所的主要职责。北京体育研究所开始在全国范围普及武术,增强中国人民的身体素质。之后,北京相继成立了武术体育会、中华国技武术研究社、北平市立国术馆、上海精武会等武术组织,以传播武术思想,传授武术知识。在第一次全国教育会议中,很多国内教育家提倡将武术教学加入至高等小学的课程内容中。

(三)近代京师武术文化的价值体现

在近代中国,火药武器的出现削弱了武术的搏杀功能,压缩了武术的生存空间。枪炮成为战争中的主要工具。武术的搏杀价值减弱,精神价值提升。近代中国出现的各类反帝爱国运动都体现了武术的精神价值。

在近代,中国陷入内忧外患的局面。为了谋求生存,大量农民进入北京,其中包括很多武林高手。清朝后期,清政府对民间武术的监管逐渐松懈,京师民间武术文化再次进入繁荣发展时期。辛亥革命推翻了中国的封建王朝,宫廷武术被民间武术取代。动荡的时局提升了民间武术的价值,为民间武术提供了发展环境。为了保护生命安全和财产安全,生活于京城中的各类富商、官员、权贵,都聘请了大量武士。在战场上,武术的搏杀作用被大幅度削弱,但在民间,武术的搏杀作用仍然不可忽视。西方体育理念和健身理念传入我国后,武术逐渐向健身项目转型,健身价值成为京师武术新的价值组成部分。

第四节 现代京师武术文化的社会定位

为了实现中华民族的伟大复兴,我国必须在增强国家硬实力的同时提升国家软实力。中国武术是中华民族传统文化的典型代表之一,而京师武术又是中国武术的重要组成部分。京师武术理应担负起增强人民意志,强健人民体质,帮助国民建立强大的民族自信的责任。为了发展京师武术,必须严格把握京师武术文化的价值取向和文化内涵。京师武术文化应成为社会主义文化的载体。体育价值、教育价值、文化传播和时代责任,是现代京师武术文化的主要社会定位。

一、现代京师武术文化的体育价值

武术文化是中华文化的组成部分之一,具有搏杀、健身、娱乐、教育的功能。武术的价值决定了社会对武术的接受程度。京师武术是中国武术的典型代表,京师武术的价值发展也具有很多时代特点。京师武术的体育价值是新中国成立以后才开始体现的。在古代,为了争夺生活资源,开疆扩土,武术具有重要的搏杀价值。新中国成立后,武术的搏杀功能被时代淘汰,体育价值开始凸显,强身健体成为武术新的价值体现。在全国范围内,武术的体育价值逐渐受到人们的重视。全国武术代表的京师武术,再次成为中国武术发展的先锋。

北京是新中国的首都,京师武术是我国体育化改造武术的首要试点,京师武术的成功改造为全国武术的体育化改造提供了宝贵经验。

1949年,以毛泽东主席为核心的党和国家第一批领导人,宣告中华人民共和国中央人民政府成立,中华民族进入崭新的发展时代,中国武术进入新的发展时期。居住于北京的大量习武之人开始进入社会,为北京居民传授武术技巧和武术经验,增强人民的身体素质。在国民政府期间,很多武林人士没有施展伟大抱负的环境。新中国的成立,为他们提供了新的环境。武馆、武术社等民间组织大量出现在北京城中。公园、体育场、河边、草地等公共活动场所都成为了武林人士教授群众习武健身的重要场所。

新中国成立后,北京举办了多次大型运动会和联欢会活动,为习武之人提供展示武术技巧的平台,增强武术文化的社会影响力。1951年,劳动人民文化宫举行了大型联会活动,武术表演是表演项目之一。

新中国成立后,武术的体育属性和文化属性受到武术领域的重视。中华武术具有庞大的内容,复杂的种类,多样的形式,所以传承中华武术,舍弃武术文化中的糟粕成为我国发展传统武术的重要问题。武术属于体育项目的一种,国防和生产是当时武术的主要服务目标。1952年,我国成立了国家体委,设立了体育研究会,开始对民间武术进行整理、继承、推广等工作。为了研究民族武术,我国展开了第一届全国民族形式体育表演和竞赛大会,任何民族武术都可以成为比赛项目,并登台演出。

1955年,我国确立了整顿武术、收缩武术的发展方针,取消了武术比赛的对抗内容,演练武术套路成为武术比赛的主要内容。

技击和击舞是武术的基本功能。两者都需要得到充足的发展空间。将技击作为发展中心或者将击舞作为发展中心,成为当时武术领域各学者争相讨论的内容。武术是一种复杂的文化表现形式,同时包含技击性质和体育性质。体育是武术的主要属性,技击是武术的辅助属性,应以体育作为武术的主要发展内容,保留武术的本质内容。之后,发展击舞成为武术的最终发展方向。

二、现代京师武术文化的教育价值

(一)政府主导武术进入教育领域

1952年,国家体委成立。1955年,在全国体育工作会议中,国家体委提出整顿和收缩是我国发展武术的主要方针。竞技化武术是中国武术的重要发展方向。改革开放后,中国武术进入正常发展阶段。散打成为中国武术发展的主要内容,成为了国际性武术赛事的比赛项目。1978年,我国成立了武术散打调研组。1982年,全国武术工作会议提出了武术发展的设想。19世纪90年代后期,中国武术逐渐适应了市场经济,发展速度明显加快,商业性武术比赛逐渐出现在我国。1998年,北京展开了全国武术经济会议,确定了经济开发的总体思路,成立了中国武术协会经济开发委员会。2000年,北京举办了中国武术散打比赛,中国武术竞赛体制正式开始改革,中国武术被推向市场。武术套路是我国优先发展的武术项目之一。

为了统一武术技术和武术动作,我国出版了大量武术教材。1956 年,由国家体委编写的《简化太极拳》在人民出版社出版,这本书规范了太极拳的武术技术和武术动作,改革了太极拳中的部分武术技巧,简化了太极拳的动作和套路,降低了太极拳的学习难度。1989 年,长拳、太极拳、刀、剑等正式成为亚运会和国际武术比赛项目。2007 年,我国重新设置了武术等级的评价标准,所有武术等级均需要习武之人通过考试获得。

新中国成立初期,武术逐渐成为北京居民的日常运动项目之一,北京出现了大量面对群众的武术流派和武术组织,组织人们进行武术训练,增强身体素质。改革开放后,京师武术的传承思想逐渐开放,武术运动逐渐发展成为全民运动。北京的各大公园、居民区的空地、草地、河边,都成为人们练习武术的主要场所。在政府的领导下,武术进入了北京城的大街小巷,进入了北京居民的日常生活中。强身健体、展现自我成为人们练习武术的主要目的。

(二)高校对京师武术文化的重视

武术是体育活动的项目之一,人们的生活习惯和认知程度决定了武术的传播和发展程度。作为国家重要的人才储备,年轻人更需要练习武术,以强健体魄,充实思想。

在一些大学里,学校团委带领部分爱好武术的学生成立了高校武术协会。热爱中国武术和传统文化的学生,是高校武术协会的主要成员。高校武术协会属于非盈利性质的社会团体,由学校团委直接领导。武术运动开展的状况决定了武术协会的发展状况。在北京的很多高校中,比如清华大学、北京邮电大学、北京科技大学等,武术协会、太极拳协会、散打协会比比皆是,这说明武术运动在高校中的发展状况良好。增强学生的身体素质、传承民族文化、发扬中华民族优良传统,是高校武术协会办会的主要目的。招新活动、训练活动、武术比赛、名家讲座等是高校武术协会的主要活动内容。

三、现代京师武术文化的时代责任

(一)社团组织对京师武术文化的促进

在政府的支持下,北京出现了很多民间武术组织。为了振兴中华武术,传承民间武术文化,很多武术大师提倡北京人民积极成立民间武术组织,凝聚民间武术力量,统一管理民间习武人士,扩大武术的传播范围,增强民间武术的社会影响力。

(二)民间武术组织的发展特征

普及武术运动,提高武术水平是民间武术组织的主要宗旨,人民群众是民间武术组织的主要服务目标。为了传承民族文化,研究武术内容,整理全国武术,生活在北京地区的习武人士开始聚拢分散的民间武术力量,成立较为集中的武术群体。1900年,太极健身推手研究会成立了四民武术研究会。抗日战争期间,四民武术研究会销声匿迹。1984年,四民武术研究会再次组建,为北京市民提供各类武术服务。1984年,吴氏太极拳研究会成立,举办了多次公益性太极拳表演活动。

武术组织研究会设立多个职位,比如会长、副会长、监事长、顾问、主任等。每个职位负责不同的工作内容。可以根据需求调整每个职位的人员数量。除职位外,武术组织研究会还设立多个工作组,比如财务组、组织工作组、宣传组、外联组等,负责武术的经费问题、组织问题、宣传问题、联合问题等。委员会负责制是武术组织研究会的主要制度。在每次选举大会中,由研究会成员选举出各个委员。

民间武术组织应积极承担引导国民思想的职责,通过武术帮助国民建立强大的民族自信。民间组织是我国对外传播传统文化的重要力量。为了弘扬我国优秀传统文化,很多民间武术组织积极参与国外出访活动和演出活动,将我国的优秀武术文化展现给国外的人们。陈式太极拳研究会会长冯志强曾参加过北美、南美、欧洲、亚洲多国的武术演讲活动,为当地人民传播我国的传统文化。

(三)京师武术文化在国家层面的传播

京师武术文化研究以北京地区为主体。在武术领域,管理武术事务的中国武术协会和武术运动管理中心,是国家推动武术发展、传播的重要组织机构,中国武术协会和武术运动管理中心均坐落于北京。

国家体育总局武术运动管理中心是我国武术协会的办事机构,具有一定的行政职能,主要负责管理全国武术项目的开展,由国家体育总局管理。健全全国武术管理组织体系、制定政策文件、规范武术管理、参加国际武术活动、管理民间武术活动、宣传武术文化、组织全国性武术工作是武术运动管理中心的职责。

传播武德、传播武术美学、传播武术进取思想、传播武术健身功能是我国传播武术文化的主要方向。在武德方面,武术的道德决定了武德的内容,每位习武之人都应遵循武德,规范自己在武术活动中的行为。尚武崇德、尊师重道、舍己为人、见义勇为等是武德的主要内容。在武术美学方面,武术包含技击和击舞。技击代表了武术的技巧,击舞代表了武术的美感,应以发展技击为前提,着重发展武术的美学。只注重技击而不注重美感的武学动作应被舍弃,只注重美学而失去技击功能的武术动作同样应被舍弃。水平、难度、美感、新颖度是判断武术动作的重要标准。美感确定了武术动作的规范和武术动作的层次。在武术进取方面,创新套路、为国争光是武术进取思想的主要内容。在各种国际性武术比赛中,为国家夺得荣誉,是每一位武术运动员应当具备的基本思想。在武术健身方面,练习武术的基本目的是强身健体,练习武术的主要作用是内外兼修、强健体魄。武术运动管理中心应积极开展全民性的武术健身活动,推广民间武术,推动全民武术事业的发展。

(四)现代京师武术文化的价值体现

体育、教育、文化传播是现代京师武术文化的社会定位。强身健体、教育功能、文化功能是现代京师武术的价值内容,其中强身健体是价值内容中的主要组成部分。

无论是以"术"为表征的武术技术,还是以"道"为表征的武术文化,都依赖于武术价值的传播和交流。在古代,搏杀是京师武术的主要价值。在近代,搏杀和强身健体成为京师武术的主要价值。新中国成立后,国内进入和平发展时期,强身健体、休闲娱乐成为京师武术的主要功能。京师武术成为中国传统民族文化的重要载体。

第五节　京师武术文化的发展规津

京师武术文化的发展具有一定的规律。为了利用京师武术文化,增强京师武术文化的服务性,需要探寻京师武术文化的发展轨迹,掌握京师武术的发展规律。

一、古代京师武术文化的发展动力

在古代,京城是统治者的居住场所,是皇帝生活起居的城市。古代封建统治者的需要为京师武术的发展提供了充足的动力,营造了良好的发展环境。武术的搏杀功能可以帮助统治者建立政权。古代的统治者会严格控制民间武术的发展,将武术的核心技巧和内容控制在皇室手中。最终,掌握在统治者手中的民间武术逐渐发展成宫廷武术。为了吸收全国各地的优秀武术人才,武则天创立了武举制度,全国各地的优秀武术人才都可以前往京城参加武举考试,成绩优异者可以直接进入皇宫担任职位。辛亥革命后,孙中山等革命人士推翻了统治我国几千年的封建王朝制度。统治者对民间武术的控制力迅速消失,京师民间武术取代了宫廷武术,成为中国武术的引领者。新中国成立后,为了增强中国人民的身体素质,振兴中华民族,武术的健身功能逐渐被开发使用,并得到全面推广。

二、时代环境决定了武术的主要价值

武术的本质属性是技击,时代的发展会改变武术的本质属性。社会的需要决定了武术的发展方向,在古代,战乱频发,保护生命安全和财产安全是人们练习武术的主要目的,体现了武术的搏杀功能。新中国成立之后,武术的搏杀作用逐渐弱化,健身作用逐渐增强,健身成为武术的主要功能。

三、京师武术文化的当代价值

京师武术文化汇聚了全国武术文化的精华,是武术文化中的瑰宝。京师武术文化的发展决定了中华武术的发展。和其他地域性武术文化不同,京师武术文化承担着统揽全局,领导武术发展的重大职责。在竞技武术、社会武术、学校武术、武术产业等方面,京师武术文化一直是全国武术文化的引领者。现代,京师武术文化的价值定位应为民族精神。民族精神是中华民族最宝贵的民族财富,京师武术文化是传播中华民族精神的优秀载体。中华民族是持续繁衍了五千年的古老民族,文化自信是中华民族屹立不倒的重要保障,从古至今,中华民族一直维持着勤劳的民族作风,崇尚和平,追求和平,自强不息、厚德载物,在建设现代化社会主义的今天,我们更应该坚持中华民族的优良传统,保证民族精神的传承。

近年来,京师武术在全民健身方面的影响越来越大。在学校武术方面,中小学、普通高校和体育院校十分重视武术。在文化传播方面,社团组织和国家层面都发挥了重要作用。现代京师武术文化的价值具体体现为健身、教育、文化等方面。通过练习京师武术,练习者可以提高文化自信,增强身体素质。在练习过程中,练习者可以逐渐理解京师武术中包含的中华传统文化。

第三章　燕赵武术文化

第一节　燕赵地区武术发展环境与
武术文化的形成

在中国武术文化发展历史中,燕赵武术文化是其中重要的组成部分。燕赵地区内和武术活动有关联的物质、精神创造成果,属于燕赵武术文化。

一、燕赵地区的自然与人文环境

(一)燕赵地区的自然环境

燕赵地区常年旱涝交加,处于南北交汇处,沧海桑田和大禹治水是流传于燕赵地区的两个传说故事。在尧舜时期,黄河经常发洪水,洪水泛滥的地区就是燕赵地区。历史上,燕赵地区的人民在洪水的侵害下苦不堪言、土地欠收、食不果腹、民不聊生。北宋庆历八年,黄河决堤,洪水淹没了河北清河、冀州等地。嘉佑五年,黄河再次决堤,洪水泛滥于河北大名县。此后,黄河多次决堤,河北省部分地区成为黄泛区。南北交汇是指燕赵地区处于黄河中下游平原的北方,燕山是南北的分界线,燕山以北是内蒙古高原和华北平原,属于游牧民族的生活区域,燕山以南则是汉族的农耕区域。在历史上,燕赵地区一直是兵家必争之地。北方游牧民族进入中原后,曾将燕赵地区作为开拓的基础。燕赵地区囊括了海河、辽河、古黄河、大运河等众多流域。隋朝在燕赵地区开凿了大运河,联通了这些流域和水系,进一步完善了燕赵地区的水路交通。燕赵地区的环境特征,成为地域文化的发展助力。

(二)燕赵地区的人文环境

古代汉族和北方游牧民族融合于燕赵地区。在漫长的历史发展过程中,燕赵地区发生了很多传统的融合、破碎、创新。北方游牧民族进入中原需要经过燕赵地区,中原民族北上也需要经过燕赵地区。从历史上看,燕赵地区一直处于两军战争的最前线。东汉时期,鲜卑、南匈奴等藩国侵略燕赵地区。晋卫十六国时期,北方游牧民族再次入侵燕赵地区。唐朝的安史之乱兴起于燕赵地区的幽州。宋代以后,中原和各北方民族更是在燕赵地区进行了多场战役。在历史因素的影响下,燕赵地区的生存环境充满了武力,该地区的人民性格刚烈,尚武之风盛行。为了应对战乱,燕赵地区的人民大都掌握了军事武技的使用技巧和使用经验,使得武力成为燕赵地区人民生活的重要能力。

从民族交流和文化融合的角度来说,燕赵地区是文化交流的前沿阵地和主要区域。燕赵地区以北是代表游牧民族的游牧文化,以南是代表汉族的农耕文化。两种不同风格的文化在燕赵地区开始碰撞和融合。游牧民族文化为农耕文化注入了新的生命力,对中原农业文化形成了巨大的冲击。在清朝,为了应对燕赵地区的文化冲击,康熙、乾隆等皇帝调整了政策,将燕赵农业和手工业融合发展,打造了中国封建历史上最后一个盛世王朝。

二、燕越地区的武术文化形成

燕赵地区尚武之风盛行。在历史中,燕赵地区出现了多位著名的将军和武士。在中国古代各朝的武举考试中,燕赵地区的武状元层出不穷。在燕赵的地方戏中,更是有很多戏剧(打戏、武戏较多)中有武生、武旦等角色。

(一)燕赵武士

在冷兵器时代,诸多大大小小的战争都需要高超的格斗技巧。这种形式的战争推动了武术的发展,造就了大批武功高强的将领和战士。在春秋战国时期,乐毅、廉颇等名将出身于燕赵地区。在东汉三国时期,张飞、赵云、文丑等名将出身于燕赵地区。在东晋唐朝时期,刘琨、罗艺等名将出身于燕赵地区。在宋朝,赵匡胤、高怀德等人出身于燕赵地区。

燕赵地区不仅名将辈出,还出现了很多令人尊敬的武状元。在明嘉靖44年,燕赵地区的武举占据了皇榜前三位。燕赵地区出身的武举占据了明朝武举总人数的半数以上。根据《状元史话》记载,燕赵地区的武状元占据了全国历代武状元总数的三分之一。

(二)燕赵地区的民俗武风

在历史环境、地理环境、政治、经济、战乱等因素的共同影响下,燕赵地区开始盛行尚武之风,民风刚健,文化内容丰富。纵观历史,燕赵地区接近胡人的地区,常年受胡人战乱影响。在文化领域,燕赵地区的文化属于汉人文化和胡人文化的融合文化,其中包含了少数民族的豪爽、刚健。因此,燕赵地区的人民擅骑射、武术。在历史的发展过程中,燕赵地区出现了很多可歌可泣的历史事件,比如荆轲刺秦王,忠勇报国,程英保遗孤,等等。

我国是一个包含多个民族的文明古国。在武术的发展历史中,每一个民族的武术技能都对中国的武术发展作出了巨大的贡献。不同民族之间的武术交流,推动了中国武术的发展。

在大漠、草原地区,契丹、女真、蒙古等民族推崇发展军事,主要以放牧、狩猎等方式维持生活。这些民族的民风彪悍,武术是他们生活中的重要组成部分。在契丹兵制中,年满15周,不及50周岁的男子都要服兵役。女真族则是要求所有的壮年族人参军。魏晋南北朝时期,民族文化的融合使北方民族的尚武之风传入燕赵地区,影响了燕赵地区的地域文化发展。

身体的强健和精神的强健是一个整体,二者密不可分。北方各民族的首领人都是武艺高强之辈,比如金太祖阿骨打、元朝皇帝成吉思汗、清朝康熙皇帝等,他们对中原的统治,使尚武之风传入燕赵地区,改变了当地的民俗民风。为了巩固统治地位,虽然很多朝代的统治者都实行了禁武政策,但契丹、女真、蒙古、满族等多个民族的文化融合和武艺交流,为中国武术的发展提供了动力。

(三)诗词、庙会、京剧中的燕赵武术文化

1.诗词中的燕赵武术文化

太史公司马迁是历史上第一位领悟燕赵地区文化特色的史官。三国时期,曹操父子在燕赵地区征战多年,留下了很多著名的诗句。燕赵武术文化对建安文学产生了影响,以至于建安文学的风格逐渐向悲壮激昂转变。曹植的《白马篇》、李白的《侠客行》、高适的《邯郸少年行》、李渔的《侠客行》都是描写北方游侠的名作。卢纶的《塞下曲》、王昌龄的《出塞》描写了燕赵地区的征战。在燕赵武术文化中,荆轲是一位比较特殊的英雄人物。荆轲刺秦王的壮举,成为后世文人墨客争相传唱的英雄事迹。

2.庙会中的燕赵武术遗风

热兵器的出现,宣告着冷兵器时代的结束。武术的发展舞台从战场转移至民间。北京为燕赵武术文化提供了良好的发展环境。在北京的民风习俗中,我们不难发现燕赵武术文化对其产生的影响。《燕京岁时记》是富察敦崇撰写的一部记叙清代北京岁时风俗的杂记,其中庙会的章节中有这样一段描写:"过会者,乃京师游手,扮作开路、中幡、杠箱、官儿、五虎棍、跨鼓、花钹、高跷、秧歌、什不闲、耍坛子、耍狮子之类,如遇城隍出巡及各庙会等,随地演唱,观者如堵,……",作为老北京"幡鼓齐动十三档"民间花会之一的五虎棍,深受百姓欢迎。这其中西北旺少林五虎棍、六郎庄五虎棍和公议庄五虎少林会更是翘楚。"西北旺少林五虎棍"是北京地区很出名的一档民间花会,以棍为主要道具,有固定套路的对打或群斗。"幽燕之地自古多豪杰",西北旺少林五虎棍以少林武术为基础,充分展现了自古燕赵地区刚毅古朴、勇敢尚武的侠义之风,其表演形式完整、套路多变、技艺高超,极具观赏性和自娱性,也是一种具有强身健体功能的体育活动。

3.京剧中的燕赵武术文化

在京剧艺术中,武术一直是其主要表演内容之一。在明朝,京剧还没有出现,起源于北京的戈阳腔已经将战争时期的武打情节作为主要表演内容。在当时,戈阳腔又被称为京腔。清代中后期,各大镖局逐渐走向衰落,不少燕赵地区的镖头、镖师带着自己的武艺进入戏剧行业。武戏表演中使用的器材和兵器都是可以直接用于战争的真刀真枪,表演中充满惊险。

京剧中的武生又分成长靠和短打两大类。长靠武生一般都穿靠带盔,用长柄兵器,演马上武将;短打武生则穿短衣裤,用短兵器,要求身手矫健敏捷。京剧传统武术戏,多以《施公案》的"八大拿"系列见称于世,因前后共有八出戏,故此得名"八大拿"。其比较通行的版本是《蛇蜡庙——拿费德功》《州庙——拿谢虎》《薛家窝——拿薛金龙》《殷家堡——拿殷洪》《河间府——拿一撮毛侯七》《东昌府——拿郝文僧》《霸王庄——拿黄隆基》《落马湖——拿猴儿李佩》。以上剧目人物鲜明,武打火炽,各有俏头。其中的州庙、薛家窝、河间府"三拿"都发生在燕赵沧州,这说明沧州作为绿林人物汇聚之所,当时的艺人深有感触,故取材于此。另外,还有以武林豪侠窦尔敦为故事背景,将窦尔敦的生平事迹加以改编收入其中。京剧艺人又根据《施公案》中窦尔敦的故事改编成京剧,至今仍上演的有《盗御马》与《连环套》。在这两出戏中,窦尔敦不再是农民起义的领袖,而是占山为王的绿林好汉。燕赵地区的武术文化和京剧之间的密切联系,表明燕赵武术文化在中国武术文化中的独特地位。

第二节　燕赵武术文化的拳种体系与个案分析

一、燕赵拳种体系总况

燕赵武术的武术资源丰富,拳种较多。从元朝以后,北京一直是一座特殊的城市。燕赵武术也一直是中国武术文化的发展中心。燕赵武术文化散布于中国武术中的大部分拳种中。形意、太极、八卦、八极是中国武术的主体部分。很多起源于燕赵地区的武术类型和拳种逐渐传播向其他区域并开始发展。燕赵武术包含众多武术门派、拳种和拳械。沧州是这些拳种的主要聚集地。在长期传承过程中,这些拳种融合了当地的地域特色,逐渐发展成为地方性拳种,比如沧州的八极拳,保定的形意拳,唐山的猿功拳,衡水的梅花拳等。燕赵武术文化种类繁多的另一原因是燕赵地区集合了多个民族,包含了多民族文化的特点。

二、燕赵拳种示例

(一)八卦掌

1.董海川和八卦掌的起源

董海川是八卦转掌的创始人,出生于河北文安,自幼学习武术,长大后进入肃王府,将八卦掌传入北京。同治十三年,董海川开始收徒传授八卦掌。1882年,董海川去世,其徒弟记载了他的生平事迹,并将八卦掌继续传承下去。《八卦掌源流之研究》中记载,董海川开创了八卦转掌,八卦转掌就是后来八卦掌的雏形。

2.以奇巧著名的八卦掌体系

八卦掌属于内家拳术,特点是掌法多变,行步灵活。练习八卦掌时,练习人要按照八卦卦位进行圈位行走。每圈八步,契合八卦的八个方位,因此命名为八卦掌。八卦掌以八个卦位为基础,分为八形。每一种拳形分为八组,每组均使用一个字概括动作内容。八卦八组共六十四个字,符合周易六十四卦的分布。每一组有七种不同的基本动作,以七代表"七日来复"。八卦掌的每一形有五十六种不同的动作,加上连环动作,共六十四个动作。每一形分为上中下三路,对应天地人三才。

八卦掌分为动功和静功。转圈方式分为顺时针和逆时针,左右对称。掌法和步法分离,互不干扰。八卦掌的基本功和核心内容是走圈。这是八卦掌和其他武术最大的区别。八卦掌中使用的器械有八卦刀、连环剑、五行棒等。这些兵器造型奇特,技法奇巧,是八卦掌的重要特点之一。

(二)形意拳

1.形意拳的起源

形意拳(见图3-1)分为三种流派,分别为山西形意拳、河北形意拳、河南形意拳。形意拳的起源是心意六合拳,即心意拳。河南还保留着心意拳的说法,山西、河北两地统称为形意拳。在燕赵武术文化中,形意拳属于传入燕赵地区的外来拳种。

图 3-1 形意拳

2.形意拳的发展

形意拳已经经历了三百多年的发展。1836 年,李飞羽开创了心意拳术,并对其进行了改革和创新,逐渐发展成为后来的形意拳。形意拳发于内功,拳法精巧,拳路形象,气势恢宏。形意拳在河北发扬光大,后来传入燕赵地区。形意拳在技法方面除遵循"武术技法原理"外,还强调下述基本技法规律,形成其技法特色。这些基本技法包括:顶垂扣抱,上下相照;犁行踩砸,疾动紧随;沿直簪翻,护中夺中;齐蓄齐发,内外六合。使拳法不仅有着实战作用,更有理论作用。

3.形意拳的历史

形意拳的起源早于八卦掌和太极拳。形意拳的拳法包含了传统哲学思想,以内外双修、体艺兼备作为技法的指导原则,体现了中华民族传统的整体思维。形意拳以整体思维为基础,讲究拳法要素之间的联系,创造出了劈拳、崩拳、钻拳、炮拳、横拳等技法,在当时是具有一定科学性和先进性的拳法。形意拳重在形意。五行拳、十二形拳是形意拳的核心。形意拳中包含了拳理、道理、医理等内容,提高了形意拳的武学起点。形意拳的基础拳法学习难度较低,对练习者没有过多的要求,男女老幼都可以修习形意拳。形意拳以明劲、暗劲、化劲为基础,创造了固定的练拳方法、练拳步骤和练拳过程,使形意拳的进步过程循序渐进。根据五行化生的原理,形意拳的动作可以锻炼人体的内脏,保证内外兼修。

形意拳,以形意为主,讲究内外兼修,风格独特。初期的形意拳包含前六势和后六势。后来的形意拳传人都以这十二势为基础,对形意拳进行创新和发展。形意拳中包含了团结爱国的思想传统,河北、山西两派形意拳弟子的友好交流展现了形意拳门人的团结互助。形意拳门人和其他各门派武术门人的关系都很和谐,和八卦掌、八极拳的门人联系比较密切。形意拳门人的爱国主义精神,是形意拳受后人尊敬的主要原因。1911 年,形意拳门人李存义在天津创办中华武士会,联合武术界的同行,培养更多的武术人才,推动了中国武术事业的发展。

(三)大成拳

大成拳是燕赵武术文化中的新兴拳种,诞生于 20 世纪 40 年代的北京。大成拳的训练特点是站桩训练,不讲究步法。相比其他拳种,大成拳的发展历史比较短,但特色鲜明,理念成熟,属于中国武术中的新拳种。

1. 从形意拳到大成拳

1918 年,王芗斋来到嵩山少林寺,和当时的形意拳传人恒林和尚切磋数月。从少林寺离开后,王芗斋以形意拳为基础,抛弃了形意拳中的形,以意为核心,创造了意拳。1928 年,王芗斋在杭州国术大会表演意拳,引起轰动。1937 年,王芗斋定居北京,并开始传授意拳。经过四十多年的发展,意拳正式更名为大成拳。1944 年,在《大成拳论》一书中,王芗斋确定了大成拳的拳学理论,并以此作为大成拳的理论基础,标志着大成拳正式成为一种成熟的拳种。

2. 大成拳的七妙法门

站桩、试力、步法、发力、试声、推手、实作是大成拳的七种基本功法。这七种训练方式是一个整体,具有较强的系统性。在大成拳的拳学理论中,力来源于站桩,试力可以了解力度的强弱,推手可以懂得力度的本质,实作可以指导力度的变化,试声可以巩固练习者的元气。七妙法门成为大成拳的理论框架。站桩训练成为大成拳的武学基础。在中国武术中,站桩是一门优秀的传统功法,大多拳种门派不会将站桩训练流传出去。王芗斋将站桩作为大成拳的基本功,并对外公开站桩训练的方式和内容。大成拳的站桩训练不是简单的静力训练,其主要目的是助长精神,锻炼身骸,增加气力。

3. 大成拳的拳道

大成拳具有其他武术门派没有的特殊优点。大成拳包含了形意拳的发力迅猛,八卦掌的独特掌法,太极拳的借力技法,梅花掌的武学技能,博采众长,练用合一,系统性强,训练方式科学。大成拳强调神和意,不迷信,不封建,注重人的本能。大成拳的拳道是中国武学的一次创新。在当时,只有大成拳可以对练习者的身体进行全面的锻炼,没有年龄限制和性别限制,男女老幼皆可练习大成拳。

王芗斋认为,练习拳法是为了健身养生,寻求真理和生活的趣味,技法是次要的。大成拳的理论忽视了拳术的攻击性,强调养生健体的效果。王向斋拒绝保持大成拳的神秘感,他认为大成拳是养生的拳法,应该平易近人,贴近人们的生活。练习拳法不能仅仅依靠每天固定时间的锻炼,练习者需要将拳法的锻炼融入生活中的每一个细节,才能看到练习的成效。大成拳的传人将大成拳的练习方式融入了生活中的每一个动作。在《大成拳论》中,王向斋说过:"拳道之大,实为民族精神之需要,学术之国本,人生哲学之基础,社会教育之命脉,其使命要在修正人心,抒发感情,发挥良能,使学者精明体健,利国利群,固不专重技击一端也。若能完成其使命,则可谓之拳;否则是异端耳。"大成拳时刻将个人和民族兴旺联系在一起。在大成拳的理论中,武术关系着国家安危。武术的精神就是民族的精神。在当时,大成拳的理论展现了先进的武德水平。

武术发展成熟的重要标志是实战表现。大成拳的成就和其出色的实战表现有一定的联系。王向斋创立大成拳之后,大成拳门人的实战表现都获得了广泛的认可和尊重。1940年,王向斋在大羊宜宾胡同举办武林同好会,接待了来自世界各国的武术爱好者,其中不乏一些国外的武术大家。王芗斋一生都在研究大成拳的站桩理论和养生之道。在养生方面,王向斋吸收了各家的优秀理论,将站桩训练扩充为二十四式,使养生站桩训练趋于完整。解放后,王芗斋开始游走于各个医院和研究院,推行养生保健的方法,为中国的医疗事业作出了巨大贡献。

三、燕赵武术个案分析——沧州武术研究

燕赵地区的武术文化享誉全国。1991年,国家体委将河北省多个地区评定为武术之乡,其中对中国近代武术影响较大的是河北沧州。

(一)沧州武术的历史发展概况

沧州位于河北东南部,建成于517年,号称京津南大门。自古以来,沧州一直是兵家必争之地。沧州聚集了来自全国各地的商人、艺人。为了生存,生活在沧州的人都会练习武术,久而久之,沧州境内开始流传尚武之风。沧州的民间武术起源于明朝,在清朝发展壮大。到乾隆时期,沧州已经成为闻名全国的武术之乡。清朝末期,沧州武术闻名海外。在明清时期,出身沧州的武举人多达千余名。乾隆时期,沧州成为当时的武术重镇。2006年,沧州武术入选我国第一批国家级非物质文化遗产名录。

1. 战乱催生的尚武之风

历史上的沧州战乱频发。为了生存和自保,沧州的人民都开始修习武术。隋唐时期,沧州的劫匪盛行,很多乡民受难,更是加剧了尚武之风的盛行。清朝末年,为了反抗贪官和外敌入侵,沧州人更是将武术作为重要手段,剿灭外敌。

2. 旱涝交加的沧州

受自然环境的影响,沧州土地贫瘠,常受旱涝之灾,土地收成欠佳,人民生活

每况愈下。壮年人会外出买卖食盐维持生计,当时的食盐买卖受朝廷控制,私自买卖食盐的居民,会受到官府的捉拿。官兵的控制使人民更加难以生存。为了维持生计,人民必然会奋起反抗,从而推动了武术的发展。沧州临渤海,方圆百里,人烟稀少,入眼尽是荒凉。很多武艺高强的朝廷囚犯会来到沧州,隐姓埋名,传授武艺,维持生计。京杭大运河开通之后,明清时期,沧州聚集了各种商人和达官显贵,镖局、旅店生意兴隆。在行业竞争中,只有武艺高强的人才能在行业中站稳脚跟。清朝末期,沧州武术进入鼎盛时期,全国各个地区都以沧州的武术水平作为标准。沧州的多民族共同生活的环境,更是促进了不同民族文化的融合,推动了沧州武术的发展。

3.因武扬名的沧州

沧州武术在全国享有较高的声誉。每个朝代的统治者都会来到沧州征收兵源。在近代,很多军阀来到沧州寻求武林高手,间接推动了沧州武术的进一步发展。1928年,出身于沧州的陆军上将张之江担任中央国术馆馆长,挑选了很多出身于沧州的武术人士进入国术馆担任职务。

4.以武会友的沧州

沧州的习武人士注重交流,乐于接受来自全国各地的习武人士。武术交流和比试活动更是在沧州盛行,推动了沧州武术的发展。沧州的居民热爱武术,不少人以武为生,更有一些武者或游走全国,或任职镖局,或开办武馆,或进入军队,或寻师访友,继续探索自己的武术之道。

5.新中国成立之后的沧州

新中国成立之后,沧州武术进入稳定发展时期。1953年,王子平、佟忠义等人进入表演团,奔赴北京。1958年,中国武术协会成立,出生于沧州的王子平担任协会副主席。1989年,沧州开始举办武术节,进一步推动了沧州武术的发展。

(二)沧州武术拳种流派概述

沧州武术门派众多,其中包含 52 个独立的拳种,更有六合、八极、八卦、形意、查拳、通背拳、功力、太祖、短拳等多种武术门派。以沧州市区为主的东南区域主要流传六合、八极[见图 3-2(b)]等门派。沧州西部流传翻拳[见图 3-2(c)]、少林、短拳等流派。太极拳[见图 3-2(a)]和八卦掌在沧州各地都有分布。

1.八极拳

八极拳历史悠久,由外家八种拳中精华手技组成,其发劲可打四面八方故名八极拳,早年因地域不同而被称为"巴子拳""八技拳""开门八级"或"开拳"等。八极拳拳法特点为动作刚劲、朴实无华、发力爆猛、技法讲究挨、帮、挤、靠、蹦、撼,以头足为乾坤,肩膝肘胯为四方,手臂前后两相对,丹田抱元在中央,以意领气,以气摧力,步型以弓步、马步为主,步法以震脚闯步组合而成。八极拳非常注重攻防技术练习,要求见缝插针,有隙就钻,不招不架,见招就打。八极拳传承至今有霍氏八极拳、马氏通背八极拳、吴氏劈挂八极拳、台湾螳螂八极拳等流派,近代八极拳武术名家有李书文、鲍有声等人,现今主要流传于河北沧州、邢台、廊坊、保定等地。

2.形意拳

形意拳又名心意拳或心意六合拳,其套路多模仿动物捕食及自卫,所谓"象形而取意",如龙、虎、猴、鸡、鹞、蛇、鹰等基本套路,有五行拳、十二形拳等,与武当、太极、八卦并称内家四大拳,其拳风格为硬打硬进,核心理念是临危不惧,抢占中门,正面迎敌,善于打对方"劲之始",把对方的劲力憋回去,讲究"不招不架,只是一下",所以其套路练习多脚踏中门、直推直进,先发制人。在传承中逐步衍化为三大流派:山西派代表人物为山西祁县戴龙邦,河北派代表人物为李洛能,河南派代表人物是戴龙邦的师兄马学礼。

3.八卦掌

八卦掌又名游身八卦掌或龙行八卦掌,为河北文安人董海川所创,是以掌法为主,其基本内容是八掌,暗含八卦方位,在行拳时,要以摆扣步走圆形,八卦掌的核心理念是"避其锋芒,打其虚点",侧重于"走偏门",通过"避正击斜"而取胜,所以其套路技术都是在走圆中施展,其在传承发展中衍化出尹氏八卦掌、程氏八卦掌、宋氏八卦掌、梁氏八卦掌。

（a）　　　　　　　　　　　　　　　（b）

图 3-2　部分沧州武术拳种

(a)太极拳；　(b)八极拳；

（c）

续图 3-2　部分沧州武术拳种

（c）翻拳

第三节　燕赵武术文化的发展概述和发展历程

一、燕赵武术文化发展概述

河北自古兵家必争之地。春秋时期境内有 11 诸侯纷争,战国时为燕赵之地"人多才力""多慷慨悲歌之士",形成尚拳勇、喜剑术的民风习俗。荆轲悲歌刺秦王,毛遂仗剑签盟约,赵武灵王胡服骑射,千古流芳。廉颇、乐毅、吾丘鸠等武艺高强的战将名震四方。古时,河北人民普遍习武以自保和强身,曾有张飞、赵云、张郃、史天泽等大批著名武将和"翼德枪""子龙枪""顾应剑法"等名目繁多的拳械套路。宋代,"弓箭社"等民众习武自卫团体遍及河北中部,百姓"带弓而锄,佩剑而樵"。沧州一带又是流放和避难地,来自五湖四海的武林高手在此交流拳械真传,使河北逐渐成为驰名海内外的"武术之乡"。明清时期,河北地处京畿要辅,各门各派云集。除南拳外,全国绝大多数拳种在河北均有流传。至清末,河北地区已形成 80 多类拳种、60 多个单项拳械广泛传习的格局。现有籍可查的清代武状元共 90 人,其中河北籍的有 32 人。1927 年河北人张之江和李景林在南京创办中华国术馆。王子平、高振东担任少林门、武当门门长,许多河北拳师亦赴该馆及全国各地传艺。同时,还有一批武术专著刊布于市。

(一)颜李学派和创新拳学体系

1. 颜李学派的思想意识

颜元,河北人,明末清初的著名哲学家、启蒙思想家、平民教育家。李塨,颜元弟子,河北保定人,颜元思想的继承者和发展者。二者的代表学说统称为颜李学派。在五十多年的教育生涯中,颜元将自己的体育思想融入生活中的每一个细节。他认为学习武术需要博采众长,吸收各家的优秀技艺,文通武备。颜元开设了漳南书院,创办武备斋,教授兵法和水陆作战方法,开创了我国古代教育的先河。颜李学派的思想在当时广泛传播,甚至流传海外,对后世的影响较为显著。颜李学派的体育思想甚至改变了近代中国体育学校的教育方法和发展方向,成为新体育提倡者的理论依据。梁启超对颜元的思想进行了高度评价。

2. 孙禄堂拳学体系升华

孙禄堂,河北人,形意拳的早期研究者,后学习八卦掌、太极拳。1918 年,孙禄堂将形意拳、太极拳、八卦掌合为一体,开创了新的拳法体系——孙氏太极拳。当代武术家、历史学家马明达曾这样评价孙禄堂:"孙禄堂先生是传统武术文化的集大成者,武术领域的珠穆朗玛峰。他的武学体系是一座文化昆仑,其成就使后人难以逾越。"

(二)先行一步的近代武术组织和学校武术教育

1. 中华武士会的创建和精武体育会的辉煌

1910 年,形意拳传人李存义在天津创办天津中华武士会,该组织是中华大地第一个民间武术组织,李存义创办中华武士会的目的是团结习武之人,研究武术,培养人才,传播民族精神,受到孙中山同盟会的大力支持。1910 年,霍元甲创办精武体育会,是我国创办时间较早的武术研究组织。精武体育会以体、智、德为宗旨,倡导爱国、修身、正义、助人、强国、强民、强身、乃文乃武的精神,这两个武术组织推动了中国近代武术的发展。

2. 中央国术馆的成立及影响

1928 年,南京中央国术馆成立,是中国近代武术发展史中的里程碑代表,对中国近代武术产生了深远影响。中央国术馆的三位发起人张之江、李景林、张宪都是燕赵地区的河北人。1928 年,中央国术馆举办第一届国术国考。在三十名优胜者中,河北人占据了其中的十三个名额,更是囊括了前五名的位置。1936 年,中央国术馆跟随国家队参加第十一届柏林奥运会,中华武术首次在世界舞台上出现。

3.学校武术教育的开展

1911 年,许禹生成立了体育研究社,提倡将武术加入学校的体育教育课程中。1915 年,天津全国教育联合会提出将武术作为学校体育教育的内容。1920 年,蔡元培将武术加入北京大学的课程教育中。

二、燕赵武术发展历程

(一)镖局的兴衰

在清朝康熙和雍正时期,近代中国的发展影响着镖局的发展。镖局则影响着中国武术的发展。清朝初期,镖局生意兴隆,商人、官员、贵人都会通过镖局运输一些较为贵重的东西。在乾隆嘉庆年间,镖局更是异常活跃。北京地区是镖局发展最为活跃的地区。燕赵地区的河北沧州,是当时多个地区的货物集散地,汇集了各路达官显贵,保镖、运镖业务空前繁荣。20 世纪后,以北京为中心的交通网络相继启用。传统的镖局行业受到冲击。军阀混战,群雄割据更是压缩了镖局的生存空间。1921 年,兴盛于北京地区的八大镖局相继关闭。镖局行业在中国正式退出历史舞台。

(二)义和团运动

清末民初,燕赵地区一直是民间活动的主要聚集地。1900 年,义和团运动将民间武术活动推向了顶点。义和团运动起源于山东,后发展至燕赵地区。义和团最初目的是反抗殖民者的侵略战争。甲午战争时期的八国联军统帅西摩尔曾回忆说:"如果义和团所用的武器是近代枪炮的话,那么我所率领的联军必会全军覆没。"义和团是中国封建社会武术运动的最后一次大规模实践活动。甲午战争之后,面对杀伤力巨大的西方现代武器,中国武术的技击功能丧失。

(三)太极拳的振兴

在封建社会中,中国武术一直以小农经济社会的特点缓慢发展着,保持着一种自然演变、自给自足的状态,对环境的适应性较强。19 世纪 50 年代,河北永年人杨露禅进入北京,开始传授太极拳。太极拳起源于温县陈家沟,在早期是一种很少有人知道的拳种。后来,太极拳传入燕赵地区,成为中国武术文化中的一大拳种。太极拳经历了大约 150 年的发展,从默默无闻到享誉全国,见证了中国武术文化的历史变迁。太极拳成为中华民族传统文化中的重要组成部分,在无数武术传承者的努力下传承至今。

三、燕赵武术文化发展中的爱国主义精神

我国著名学者陈其泰曾经说过:"文化史研究所强调的整体性,有力地启发

史学史研究者更加自觉和充分地考察优秀史著如何反映了时代的脉搏,怎么样体现出我们中华民族自强不息,奋发进取,勇于创造,不畏强暴,从不屈从于外来压迫的精神。"在燕赵武术的发展过程中,无数燕赵地区的习武之人更是以爱国主义精神谱写了一部又一部的壮烈悲歌。爱国主义精神深植于中华民族的精神土壤中。

(一)从慷慨悲歌到廊坊大捷

春秋战国时期,当时的燕国统治者将此地命名为燕赵地区,燕赵地区位于两个大国的交界处和游牧民族相邻。在战争年代,燕赵地区的人民经常会受到胡人的侵略,为了生存和自保,他们自幼习武,推崇尚武之风,以武术保卫家园。公元302年,燕赵人民发起强国运动,为了抵抗大秦的压迫,燕国太子丹寻访能人志士,最终和荆轲上演了一幕传奇的"荆轲刺秦王"。正如陶渊明《咏荆轲》中,"燕丹善养士,志在报强嬴。招集百夫良,岁暮得荆卿。君子死知己,提剑出燕京",这些都体现了燕赵地区人民悲壮的爱国主义精神。1900年,义和团在燕赵地区取得廊坊大捷。武术是义和团成员的重要反抗工具。当时的义和团成员凭借血肉之躯,以武术战胜了西方的枪炮,以中华民族的不屈意志震惊了全世界。

(二)从闻鸡起舞到卢沟晓月

刘琨和祖狄是燕赵地区有名的爱国志士。两人生活在西晋时代。当时,正值胡人侵略,烧杀抢掠无恶不作。二人苦练武艺,闻鸡起舞,互相鼓励,互相学习。最终,在晋阳守卫战中,刘琨拼到弹尽粮绝,也没有被胡人拿下晋阳。公元313年,祖狄率领宗族北上,想要收复北方的失地。下属士兵士气高昂,战无不胜。

卢沟晓月是燕京八景之一。1937年,日军发动全面侵华战争,卢沟桥事变标志着战争的全面开始。29军大刀队以夜袭的方式,直接挫败了日军的锐气,使当时的日军胆战心惊,29军大刀队中有很多来自燕赵地区的习武之人。燕赵武术名家更是担任大刀队的武术指导。民国时期国术大赛的第一名朱国福也担任过29军大刀队的武术教练,培养了大批优秀的武术人才。

燕赵地区的人民以爱国主义精神和自强不息的传统,坚持着自己的以武保家卫国的精神。从18世纪到20世纪30年代,燕赵地区的武者为中华民族的伟大复兴作出了巨大的贡献,从驱除鞑虏到抗日战争,燕赵武术融入了每一次反抗压迫的战争中,使中华武术在中华民族发展史上留下了浓墨重彩的一笔。

(三)精神长城

在冷兵器时代,建造在燕赵大地上的万里长城是很多外来侵略者难以逾越的鸿沟。蜿蜒曲折的万里长城没有阻止任何一个朝代的兴衰更替,也没有阻止游牧民族入侵中原。长城的命运和中华武术的经历息息相关。在冷兵器时代，战乱四起，民不聊生，中华武术开始发展壮大。经历数千年的发展之后，中华武术进入鼎盛期，但西方列强使用坚船利炮打开了我们的国门，中华武术终究难以抵抗洋枪火炮，退出了战争的舞台。时至今日，中华武术的技击功能已经逐渐不再适用于现代社会，现代人修习武术更多是为了强身健体，修身养性。人类社会的发展使中华武术逐渐转变为体育健身运动。

时代的变迁改变了中华武术的技击功能，但无法磨灭中华武术中饱含的爱国主义精神。科技的发展、社会的进步都不能改变中华武术中蕴含的爱国精神。燕赵武术文化以其博大的胸怀，包容不同的外来文化，完善自我，积极进取，跟随时代发展的脚步。燕赵文化中的爱国精神、尚武之风会继续传承下去，发扬光大。

第四章　秦晋武术文化

第一节　秦晋地域文化的区分

秦晋地区,即陕西省和山西省共同组成的区域。秦晋文化和秦晋武术文化受地域因素和历史因素的影响较为显著。为了完善中国地域武术文化研究体系,保护秦晋武术文化的传承,挖掘秦晋武术文化的价值,推动秦晋文化和秦晋地区经济的进一步发展,本章研究了秦晋武术文化的发展历程、传承方式、武术类别等,以便于加深人们对秦晋武术文化的理解,向人们展示秦晋武术文化的内涵。

一、秦晋文化

(一)秦晋地区划分的依据

秦晋文化是我国完整的地域文化之一。按照地域文化和文化传统格局的划分,我国共有 16 个完整的基本地域文化区,秦晋文化区是其中之一。从先秦时期开始,到北宋时期结束,三秦地区和三晋地区的地域关系逐渐合为一体。在"铰合"机制的作用下,秦文化和晋文化逐渐融合,形成一种新的地域文化机制,不是简单的文化拼凑和内容堆砌。秦晋地区可以形成完整文化区域的主要原因如下:

(1)自然环境相同。黄土高原是秦晋地区共有的自然环境。自然环境是影响地域文化的重要因素之一。同样的自然环境,使秦文化和晋文化出现共同点,具备了相同的发展趋势。相同的自然环境赋予了陕西省人民和山西省人民相同的文化特色。四周环绕的崇山峻岭和万里长城,封锁了秦晋地区和周边地区的自然环境。秦晋地区成为自然环境较为封闭的独立文化区。

(2)交通发达。黄河是唯一一条流经秦晋地区的大型河流。在古代,黄河没有阻断秦晋地区黄河两岸居民的交流。在先秦时期,秦晋地区已经出现了水运,用于连接关中地区和河东地区。之后,黄河沿岸建造了大量渡口,黄河成为连通两岸居民的重要途径。

(3)人口迁移频繁。先秦时期,秦国和晋国的外交关系较好。古时候,人们常用秦晋之好形容两人的婚姻幸福美满。秦国和晋国之间的人口迁移活动较为频繁。秦国的商鞅曾接收了大量晋国的居民。秦王统一六国后,秦国将大量秦国人转移至原晋国地区。三国、晋朝、北魏、隋朝等朝代统治者都组织了大规模的移民活动,促进了秦晋两地的人口交流和文化融合。宋朝后,北方陷入战乱,各诸侯国连年征战,严重破坏了人们的生活环境。为了躲避战乱,陕西北部地区、山西部分地区进行了大规模移民活动。

(4)方言相同。秦晋地区使用的方言基本相同。在我国方言区域划分中,秦晋地区属于北方方言区和官话方言区。语言学领域专家曾研究过秦晋地区的方言。结论表明,秦晋地区的沿河方言,本质是相同的。秦晋系成为我国方言体系之一。秦晋区成为我国方言区的重要组成部分。方言可以对人们的文化心理产生影响,推动地域文化之间的交流和融合,有利于人们更快地融入地域文化圈中。方言相同,使得秦晋地区的人民可以进行无障碍的方言交流。

(5)文化背景相同。秦晋地区的文化背景属于同一种文化类型。在春秋战国时期,诸子百家的分布和地域有关。秦晋地区传播最广的学派是法家学派。晋地区是法家的发源地,秦地区则是法家学说发扬光大之地。在元典时期,秦晋地区是法家的主要传播区域。秦晋地区文化处于中原文化圈的范围内。中原文化圈的重心在晋南和关中地区均有分布。

二、秦晋地区的自然人文背景

秦晋地区位于黄河流域中部、华北平原西部的黄土高原地区,整体呈条形,南北较长,东西较窄,中间区域凹陷,南部和北部海拔较高。秦晋地区南北跨度较大,地形分布不均匀,自然环境复杂,地区之间差异较大。高原是秦晋地区的主要地貌,山地面积少于高原,平原面积最少。黄河是秦晋地区的主要河流,还有一些属于海河和长江水系的水域。由于气候、土壤、水资源等资源条件的限制,秦晋地区无法完全发展农业,农牧混合是秦晋地区的主要产业。

秦晋地区历史文化遗产比较丰富,是中华文化的重要发源地。在上古时期,华夏九州岛中的雍州、梁州、冀州指的就是现在的秦晋地区。尧帝、舜帝、禹帝的都城均在现在的秦晋地区。公元前 11 世纪后,中国进入朝代更替时期。秦朝、晋朝、赵国、两汉等朝代都将都城建立在了秦晋地区。

黄河孕育了秦晋地区,也孕育了秦晋地区的无数人才。在中华文明五千年的发展历程中,秦晋地区出现了大量拥有丰功伟绩的人才,比如周文王、晋文公、秦穆公、秦始皇、唐太宗、武则天、关羽、霍去病等人。在明清时期,出身于秦晋地区的商人遍布全国各地,将很多中国的优秀商品传向海外。

第二节　秦晋武术文化的发展

一、秦晋武术文化的发展历程

秦晋武术文化在中国武术文化中占据了重要地位,具有多种武术类型,发展时间较长。我国考古学家曾在旧石器时代遗址发现了石质武器。历史遗物的出现证明了秦晋地区的居民早在两万多年前就已经开始使用武器。

春秋战国时期,秦晋军旅武术以强悍、勇猛的特点,成为当时军事武术的主流。秦国的士兵战斗力要强于魏国的士兵,武术技巧要强于齐国的武术。当时,晋国的军事实力不输于秦国,晋国的军事武术非常强大。之后,中华大地涌现了大批武艺高强,南征北战的将领。战国时期,全国共有四大名将,出身于秦晋地区的共有三位。在西汉时期,名将霍去病出身秦晋地区。在三国时期,武圣关羽出身秦晋地区。在中国发展历史中,唐朝皇帝武则天首先创办了武举制度,以武学技能选拔优秀人才,将武术作为科举考试的主要内容。之后,武举制一直被各朝统治者完善和沿用,直到清朝末期。武举为各朝代的统治者输送了大量优秀的武学人才,增强了国家的军事力量,推动了民间武术的发展。

在古代,武侠是民间对习武者的主要印象。中国最早的武侠故事出现于春秋战国时期。秦晋地区较为著名的侠客有豫让、郭解等人。这些侠客游走于民间,行侠仗义,他们的行侠事迹逐渐变成武侠故事在民间流传。在汉唐时期,秦晋地区盛行行侠之风,当时的少年儿童将成为侠客作为自己毕生的愿望,诗人们创作了很多歌颂侠客事迹的诗词,一直流传至今。元朝后,统治者开始限制民间武术的发展,秦晋武术陷入停滞。为了维持武术的发展,人们将民间生活活动和武术结合,开始发展武术的娱乐性和观赏性,以一种独特的方式传承民间武术。

明清时期,秦晋武术再次进入高速发展时期。武举制度的实行,显著增加了秦晋地区习武之人的数量。秦晋地区出现了很多武举人、武状元,秦晋武术传承得以保留。在这一时期,官方和民间开始兴建武馆,传播武术知识,教导人们学习武术。1549年,山西省灵石县建立了演武场。同年,陕西省岚县建立周氏武学馆,工作人员大多由官员组成,教练、武生都是武官或是武官的子弟。武经、兵书、骑射、步射、枪、戟、拳等是武馆的主要教学内容。师徒传授是民间武学传承的主要方式。秦晋地区的著名拳法,比如洪拳、通背拳、信拳、八极拳、劈挂拳等,器械主要以枪、棍为主是以借助师徒或家族传授的方式完成传承的。

民国时期,秦晋武术进入新的发展时期。秦晋地区建立了很多省级国术馆和县级国术馆,比如陕西省国术馆、五台县国术馆等。国术馆中的教练大多是民间武术的代表性人物和一些民间国术组织,比如山西国术促进会、太原国术改进研究会等。武术实体机构为秦晋武术的发展提供了重要保障,推动了秦晋武术传承方式的创新。新中国成立之后,秦晋地区的武术运动受到国家的高度关注。在国家和政府的支持下,秦晋地区大部分武术组织恢复训练,武术机构数量再次增加。矿场、学校、机关单位都成立了专门的武术队,用于参加武术活动或组织武术锻炼。20世纪70年代,陕西省武术队和山西省武术队相继恢复活动,国家加强了武术队的建设力度。多名著名武术教练前往秦晋地区任职,培养了大批优秀武术人才。秦晋地区的武术队注重传统武术的传承,对传统武术的理解层次较深。经武术教练和武术队员的改良后,秦晋地区的地方传统武术都具有了明显的竞技性,形成了独特的武术风格。20世纪80年代,秦晋地区武术学习规模再次扩大。秦晋武术正式成为我国非物质文化遗产的一部分。

二、秦晋拳种的由来和传承方式

秦晋拳种体系复杂,类型丰富,发源地各不相同。一部分拳种起源于本地,经传承人完善改良,逐渐发扬光大;另一部分拳种属于外来武术,传入秦晋地区后,被秦晋武术相互融合成新的拳种,成为秦晋地区传统武术。燕赵地区是向秦晋地区输送外来武术的主要区域,其他输送区域还有中原地区和齐鲁地区。秦晋武术的传承和发展方式可以分为6种,其中包括秦晋源发、区域融合、外出学艺、经商携带、移民携带、职业传授。

1. 秦晋源发

形意拳是秦晋地区本土武术中代表性较强的拳种之一。全国各地流传的心意拳、形意拳都是由山西蒲州人创立的。形意拳创始人姬际可,山西蒲州人,武术家,善于创新武术套路和武术技巧,自幼习武,精通拳法、枪法,深受当时老一辈武术家的称赞。老年时期,姬际可将武术知识传授给第二个儿子姬龙峰。姬龙峰改良了枪法,从枪法中创立了拳法,将拳法传播至现在的河南地区。形意棍法和形意拳如图4-1所示。

图 4-1　形意棍法和形意拳

除形意拳外,起源于秦晋地区的著名拳法还有杨家拳、通背拳、傅拳、八法拳等。杨家拳起源于北宋时期的杨家,传内不传外。通背拳起源于光绪年间的山西地区,由河津人柴文魁创立,拳法套路自成整体。功法和技击是通背拳的主要练习内容。通背拳至今已传承 200 多年,只在家族内部流传。发源于秦晋地区的武术是先辈的智慧结晶,拳法的创始人对秦晋武术文化的发展作出了巨大贡献。

2.区域融合

中国武术中的任何一种,都经过了历代传承人的不懈努力和不断完善。很多知名拳种融合了多种拳法的技击精髓部分,逐渐演变为流传至今的拳法。起源于秦晋地区的形意拳,融合了秦晋地区的本土武术、河南少林寺的炮捶、河北地区的弹腿等。在秦晋本土拳种中,最具代表性的融合型拳种是陕西红拳。红拳被喻为陕西地方特色拳种,练习者众多,在我国武术流派中,红拳堪称内容丰富,自成体系,其中基础练习为十大盘功,套路以大小红拳为基本,二路红拳、关西红、关东红等共有三十六路之称,所用器械以枪棍为主,如六合大枪、阴手琵琶棍等均是通过吸收各种拳术的技击精华与理论,取长补短进而融合本门武术技能,最终形成具有本地域民族特色的传统武术。

3.外出学习

秦晋地域部分拳种是秦晋武术家为提升技艺,四处求学,拜师学成后带回秦晋地区的。秦晋武术八卦掌是习者通过外出学习传入秦晋地区的代表性武术之一。1921 年,平顺县的牛继泉来到北京学习八卦掌。学成之后,牛继泉回到山西,在山西省东南区域教授八卦掌。南少林五行柔术的传播方式和八卦掌相同。李志英是当时南少林五行柔术的传人之一,在天津设有镖局。1901 年,太谷县董秀升前往天津,跟随李志英学习南少林五行柔术。学成之后,董秀升离开天津,回到秦晋地区,开始传播该拳法。1921 年,闻喜县朱德胜前往河南嵩山,拜师少林寺,学习少林罗汉拳。学成之后,朱德胜回到闻喜县开始教授少林罗汉拳。秦晋武术的传入方式表明,秦晋地区尚武之风盛行,秦晋人民崇尚习武。为了使武术更加精进,很多秦晋地区的习武之人外出学习,将秦晋武术文化向全国传播,同时将全国各地区的优秀武术文化带入秦晋,促进了秦晋地域的武术发展。

4.经商携带

清朝末年秦晋地区繁荣的商业,促进了秦晋文化和外部文化的交流。各路商队的贸易往来中的保商护商的活动,加快了武术文化的传播,将外来武术文化带入了秦晋地区。为了保障货物安全和生命安全,秦晋地区的本土商人会在当地招募武术人员跟随商队,以此保障货物、钱财以及人员性命的安全。在贸易活动过程中,很多商队的随行武术家会拜访当地的知名武术大师切磋技艺或拜师学艺。学成后,返回秦晋地区,将外来武术文化携带回秦晋地域并加以融会贯通取长补短,进行技艺的提升,促进秦晋之地武术的发展。大部分随行武术家到晚年,都会在家乡或秦晋地区开设武馆,收徒传艺,同时吸收外来武术文化,促进本土武术和外来武术的交融。

武术是镖局的安身立命之本,可以保护商人的安全、商品的完整以及经营场所的稳定。武术水平越高的镖局,越能受到各路商队的青睐。镖局为商队提供了长途运输的安全保障,商队为镖局提供了经济来源。在古代,交通运输不发达,长途运输主要依靠马匹和马车,路途遥远,商人和货物的安全都无法得到有效保障。为了维护生命和货物的安全,商人们开始出资聘请武艺高强的习武之人,随商队一同前往目的地,保护商队安全。镖局是推动我国古代商业发展的重要因素。镖局和商业活动本质相同,二者相互依存,相互联系。镖局是一种商业活动,为商队提供的都是商业性护卫,商人需要支付一定的佣金才能雇佣镖局的镖师。

5.移民携带

在历史过程中,文化传播最活跃、最有效的媒介是移民。移民为秦晋地区的武术文化注入了新的生命力。纵观历史,秦晋地区发生过多次大规模移民,每次移民都会为秦晋地区的武术文化注入新的文化内容。清朝光绪年间,河南省林县居民迁移至山西省南港沟村,将习武之风传入秦晋地区。之后,南岗村的拳师被秦晋区域各地区邀请传授武艺,河南中州武术文化开始在秦晋地区广泛传播。

6.职业传授

职业传授是秦晋武术的重要传承方式。很多来自外地的拳师会在秦晋地区开设武馆,收徒传授拳法。1924年,山东拳师李长青来到秦晋地区,传授战功拳。清朝光绪年间,很多来自河北、山东的拳师来到山西省传授梅花拳。部分秦晋地区会邀请外地拳师来到本地传授拳法。1934年,山西河边国术馆聘请北京镖头于鉴担任国术馆武术教练,将三皇炮捶引入秦晋地区。新中国成立之后,很多武术工作者来到秦晋地区传授武学知识,将外地武术文化融入秦晋武术文化中,丰富了秦晋武术文化的内容,推动了秦晋武术文化的发展。1949年,山东武术教练陈盛甫来到山西太原,担任体育教师。1951年,陈盛甫进入山西大学担任体育科副教授,培养武术人才。之后,陈盛甫结束在山西省的教学生涯,于1954年进入陕西师范大学担任教师职务,将马氏通背拳传入陕西。

上述6种武术的传入,推动了秦晋武术文化的发展,促进了秦晋武术文化的繁荣。武术种类和传入途径不是对应的,一种武术可能借助多种传入途径进入秦晋地区。秦晋地区的八卦掌同时借助了外出学习、职业传授两种传入途径。太极拳则同时借助了移民携带、职业传授两种传入途径。民国时期,秦晋武术组织邀请全国各地的武术大师来到秦晋,传授太极拳。多元化的传入途径,为秦晋武术文化注入了鲜活的生命力,促进了秦晋本土武术文化和外来武术文化的融合。

三、秦晋武术文化的形成机制

外部环境和内部因素是秦晋武术文化形成的重要因素。秦晋地区的民俗武风为秦晋武术文化提供了发展、完善的环境。动力机制、促进机制、熏陶机制、渗透机制、传承机制则为秦晋武术文化的发展提供了内部环境。

1.动力机制

动机的来源是人们的需求,需求产生行为,行为推动发展。秦晋武术文化的发展动力是人们对武术的需求。武术的技击决定了武术的产生。在武术的发展历史中,任何一种完整的武术,都具备系统性的技击技巧。比如山西省洪洞地区,人口密集,是山西省人口较为集中的地区之一。有限的土地无法满足大量人口的土地需求,水资源严重匮乏。为了争夺宝贵的水资源,洪洞地区的居民频繁出现"夺水"事件。任何人的生存都离不开水。水资源的匮乏引起了人们的争夺,争夺产生了斗争。频繁发生的"夺水"事件,改变了当地居民的思想观念,械斗成为当地人解决纷争的唯一方式。1645 年,为了争夺泉水,洪洞地区 500 多村民进行大规模械斗。1927 年,为了争夺水渠,洪洞地区近千人青壮年进行械斗。水资源的匮乏,使洪洞地区的水源争夺延续了数百年。水源直接影响了人们的生活和土地的收成。为了应对频繁出现的械斗事件,洪洞地区的居民从小学习武术,练习拳法和器械技巧。洪洞地区的武术组织会邀请外地的知名拳师前来,传授武术技能。由水资源争夺引发的械斗事件,成为洪洞地区传播武术文化的重要原因之一。间接推动了洪洞地区武术的发展,加速了洪洞本地域武术文化和域外武术文化的融合。

2. 促进机制

明清时期,秦晋地区的商人都具备一定的武术技能,以保护自己的安全和货物的安全。在商业贸易过程中,武术再次得到新的发展机会。镖局等商业性武术机构逐渐成为商人的不二之选。商人支付佣金,镖局派出镖头保护商人和商队的安全,维护商人的商业利益。很多秦晋商人会重金聘请山西省太谷县的心意拳、形意拳大师,担任商队的护卫或护院拳师,待遇丰厚。镖局对武术的发展作出了巨大贡献。武术是镖局的安身之本。镖局属于商业性武术组织,武术则是镖局的主要服务内容。镖局的出现将武术和商业融合在一起,推动了秦晋武术和秦晋商业的发展。

春秋战国时期,为了奖励军功卓越的将领,秦国统治者设置了军功爵制,以杀敌人数为奖罚标准,促进了军事武术的发展。被各朝代统治者一直沿用的武举制度,诞生于秦晋地区。武举制度为习武之人提供了入仕的途径。明朝时期,山西省灵石县创办演武场。清朝时期,陕西省创办武学馆。民国时期,山西省成立国术促进会。新中国成立之后,陕西省和山西省相继成立体工队,创办武术馆和武术院校。至今,秦晋地区保存着大量武术馆和国术馆,为秦晋武术文化的发展作出了巨大贡献。

3. 熏陶机制

秦晋文化的发展环境决定了秦晋武术文化的发展环境。秦晋文化中的尚武之风,改变了秦晋地区民众的思想观念,学习武术成为秦晋地区的传统之一。对传统的传承同时是对思想观念的传承。传统对秦晋地区民众的行为和价值观念影响较大。很多地区的习武之风都是从先民流传下来的。秦晋地区学习武术的人数远多于国内其他地区,人们学习武术的欲望强烈,地域武术资源丰富,地区内著名拳师数量较多,各个地域的人们都可以寻找到合适自己的拳师学习武术。

自古武术与舞蹈同源,秦晋地域民间舞蹈艺术是秦晋民间民俗文化的主要表现形式之一,如祁县秧歌、中路梆子、温曲武秧歌、盂县武社火等所展现的表演艺术动作中都蕴含了武术技击动作或武术表演形式,其中温县武秧歌是山西晋中市第一批非物质文化遗产,是祁县秧歌与武术拳术的有机融合,主要表演形式为武打动作,以展示中国古代武术英雄人物为民除害,匡扶正义,见义勇为,盂县武社火集武术、戏剧、舞蹈、竞技于一体,以锣鼓节奏进行展演,其主要表演道具为农业生产、生活中的器具,如铁锹、扫把等,可集体表演、可单练、可双人对打、多人对打等,可见武术社火已将武术融入民众日常生活中,成为盂县人生活中不可缺的一部分。

4.渗透机制

人口的迁移会带动文化的传播。秦晋武术文化的重要发展途径之一是本土武术文化和外来武术文化的交流融合。秦晋地区曾出现过多次大规模移民活动。外来移民传入的武术文化促进了本土武术和外来武术的交流。秦晋地区北部和少数民族区域接壤,匈奴、鲜卑、回鹘等少数民族都有进入秦晋地区的记录。在汉唐时期长安即现在的陕西省西安。西晋初期,西北部少数民族和北方少数民族曾向黄河流域移居。在当时的关中地区,少数民族人口已经占有很大的比例。山西省中北部地区成为匈奴人的主要聚集地。武乡地区成为羯人的主要聚集地。北魏时期,鲜卑人进入秦晋地区,主要聚集在山西省部分区域。少数民族的迁移改变了秦晋地区的民俗民风,将北方少数民族的彪悍和粗犷融入了中原农耕文化中。游牧民族的骑射、摔跤跟随少数民族移民进入秦晋地区,改变了秦晋地区武术文化的部分内容。

5.传承机制

秦晋地区的居民是民间武术发展的人力基础,民间武术中的代表性人物则是秦晋武术发展的引领者和传承者,也是创造者,他们总结秦晋武术中的不足,完善秦晋武术,创新武术技巧,对外传播秦晋武术文化。在秦晋武术文化的发展过程中,这些武术文化的代表性人物发挥着承上启下的作用。传承者对先辈的武术文化既有传承义务,也有创新的责任,民间武术套路简单,系统性较差,没有完整的武术体系,必须依靠人力收集整理,总结创新,才能演变为完整的秦晋地域武术,比如,秦晋民间武术最初的形式只有散招和零散的打法,没有任何套路和组合。张含将民间武术收集整理,组合各种零散招式,创新出了一套鞭杆套路,传授给了各个武术大师。经多位武学大师不断完善后,最初的鞭杆套路演变为多种风格的鞭杆套路。在鞭杆武学的创造和传承中,当地居民和武学大师承担着较为重要的角色,但张含才是鞭杆武学的关键。张含收集整理了民间的各种散招,整合为统一的武学套路,将自己对武学技能的理解和领悟,融入新的武学理论,完成鞭杆武学的创新,他创立的鞭杆武学套路,是鞭杆武学发扬光大的基础。

在秦晋武术文化的形成过程中,武术传人是武术文化形成的基础,少数武术大家则是武术文化形成的关键。只有武术大师,武术文化难以具备丰富的武术理论内容;只有武术传人,武术文化难以形成完整的武学体系。每个武学流派的主要传承人一般是武学大家的得意弟子或子女。他们可以近距离接受武术大师的熏陶,得到武术大师的倾囊相授,对秦晋地区武术文化具有较大的影响。身份和家庭赋予了这些传承人强烈的责任感和使命感,这是他们为秦晋武术文化提供丰富的武术理论资源,作出巨大贡献的重要动力来源。

三、秦晋地方拳种分析

(一)陕西红拳

1.功法体系

软十大盘、硬十大盘、腿法、手法是陕西红拳的主要功法体系。软十大盘由十组不同的武术动作组合而成,主要作用是拉伸关节、韧带,锻炼身体的协调性,增强练习者对身体的控制能力。练习陕西红拳,练习者必须首先练习软十大盘。硬十大盘属于武术中的硬功,主要用于增加力道、提高武术功力。

2.套路体系

红拳、九拳、炮捶、花拳、梅花拳是陕西红拳的五种拳法类型,其中红拳属于软拳,基础内容是大小红拳和二路红拳。在关中、关西等区域,还有地方性红拳,被称为关中红拳和关西红拳。轻柔、轻巧是红拳的主要特点。

3.技击体系

红拳的技击体系比较全面:有应对武术比赛的跑拳、跑刀;有锻炼技击能力的排手、排刀;有过渡练习的拿法、跌法等。红拳的技击体系循序渐进,具备完善的理论体系,更有拳谱、口诀、图谱等武术资料,武术文化价值较高。

(二)太谷形意拳

1.功法体系

劲力浑厚、力道刚猛是太谷形意拳的主要特点。太谷形意拳的根本内容是三体式桩功。该功法可以同时锻炼练习者的体外力气和体内内力。拳、枪、杆是太谷形意拳的重要练习器械。枪功用于锻炼拳功,杆功用于锻炼枪功,如图4-2所示。

（a）

（b）

（c）

图 4-2 太谷形意拳

(a)形意拳; (b)形意棍法; (c)形意枪

2.套路体系

弹腿是太谷形意拳的基本功。五行拳是太谷形意拳的基本拳法内容。六合拳、八势拳等是太谷形意拳的主要单练套路。九拳、五行炮等是太谷形意拳的对练套路。六合大枪、十三刀等是太谷形意拳的器械单练和器械对练套路。套路体系丰富,技法种类繁多。

3.技击体系

要道、打法、顾法是太谷形意拳的基本技法。技法讲究身体各个部位的协调发力,比如头部、肩部、肘部、脚部、腹部等。五行拳、十二形拳、七十二技法是太谷形意拳的主要技法内容。

(三)洪洞通背拳

1.功法体系

洪洞通背拳同时注重闪惊巧取和功法训练。基本功和功力练习都是洪洞通背拳的主要练习内容。跳跃、扫拌、基本势法、扎势等是基本功的主要内容。沙袋功、铁秋功、插沙功等是功力训练的主要内容。

2.套路体系

根据演练风格,洪洞通背拳可以分为快拳体系和慢拳体系。基础拳和通背一百零八势都属于慢拳的内容。基础拳属于通背拳的入门级别拳法,包含多种基础套路,主要用于奠定练习者的武学基础。基础拳动作简单,训练周期较长,一般需要练习一年以上才能继续学习通背拳的进阶功法。

3.技击体系

洪洞通背拳的技击体系分为两个阶段,第一阶段是基础阶段。练习者在传授者的指导下,练习通背拳的基础内容。待学习完毕基础内容之后,传授者会将所有招数拆开,和练习者进行招式对练。练习者熟练掌握所有基础内容之后,完成基础练习阶段,进入技击入门阶段。

第二阶段为模拟实战阶段(见图4-3)。在练习者熟练掌握基本招式后,师徒之间进行拆招、喂招,模拟实战场景,进行徒手或器械攻防练习,在拳势攻防变化中体验技击要领,最终做到得心应手地运用本门技击技术,同时徒弟在师傅言传身教的过程中感悟本门派的拳理,正如"师傅领进门,修行在个人",徒弟要达到师傅的技术水平,只能通过日积月累心悟手动,其过程分可分为顿悟、感悟、领悟的三个境界,正如《庄子·庖丁解牛》中所说:"臣之所好者道也,近乎技矣。""技近乎道"说明凭个人的天资,匠心达到的成就的确是不可言传的,只有孜孜不倦地追求,达到物我两忘,技能才能"得于心应与手",从而最大限度地消除手与心、心与技的对立,使二者合而为一,正所谓悟道即是修艺,修艺即是悟道。

图 4-3　实战模拟

四、秦晋武术文化和地域文化的融合

秦晋武术文化的内容丰富,秦晋地区包含多种本地域武术。为了论述秦晋武术文化和地域文化融合的特征,以陕西红拳作为主要研究对象。

2008年陕西红拳被列为国家级非物质文化遗产名录,红拳作为一项历史悠久、内容丰富、自成体系、深为人民群众所喜爱的的武术,被喻为陕西地方特色拳种,红拳的衍变发展与地理位置、历史文化、风土民情有着密切联系,武术家长期实践和吸收创新,造就了红拳有异于其他拳种的内容和特点,其拳势中直闯硬进、强攻中路、闪展腾挪、闪击刁打、劲脆兼长,展现出西北人的豪放耿直的特色。

陕西红拳的每招每式都凸显出大气之美、架势端正、外形优美、拳声响亮。当某拳种的风格逐渐扩散至一定范围后,某拳种文化就会融入地域文化中,对其他技术风格的拳种产生影响。比如太谷形意拳和河北形意拳:太谷形意拳结构紧凑,拳势迅速,招式凛冽;河北形意拳招式舒展,张弛有致,节奏分明。当拳种进入新的区域时,该区域的本土拳种会迅速对外来拳种产生影响。比如马氏通背拳,马先生将通背拳带入秦晋地区,最初的通背拳保持着纯正的陇上风格,拳风正统。马氏通背拳在秦晋地区流传之后,很多修习过陕西红拳的人开始练习马氏通背拳,将红拳的风格和气势融入其中。

在秦晋地区的本土武术中,鞭杆(见图4-4)同样是一种地域特色鲜明的武术类型。对比山西的鞭杆和甘肃的鞭杆,可以发现二者明显不同。山西鞭杆节奏紧凑,讲究贴身搏击,鞭不离身。甘肃鞭杆气势磅礴,招式讲究大开大合。山西鞭杆受秦晋地区形意拳的影响较为显著。甘肃鞭杆受八门拳、通背拳的影响较为显著。同样的地域条件是拳种融合的前提条件,地域也是拳种融合的唯一平台。

图4-4　鞭杆

五、民间叙事功能促进秦晋地域武术发展

(一)深化理解

当地民众是秦晋武术类民间叙事文本内容的创造者,他们对民间叙事进行加工,将故事传播到各个区域。叙事的内容和人们的日常生活是息息相关的。为了扩大民间故事的传播范围,易于被民众接受,故事的加工和传播都会融入民众对日常生活的理解和感受。在秦晋地区广泛流传的各类民间故事,都包含了秦晋地区居民的价值观、人生观,包含了他们对生活的美好愿望和对未来的期许。他们将意识形态融入民间故事中,使用大众化的心理结构和生活方式,构建民间故事框架,填充故事内容。地域文化是民间出现各类传说和故事的主要原因。居民对传统文化的理解,决定了民间故事的内容。通过了解各种武术类民间故事,可以充分读解秦晋地区的民间武术文化内涵,加深对秦晋武术文化的理解,掌握更多地域色彩浓厚的武术文化知识。

(二)获得认同

获得认同是指文化内容获得当地民众的认同。文化认同是地域文化的软实力之一,维系着中华民族的精神文明,为中华民族精神的延续提供重要保障。当地的地域文化和风土人情是民间故事的内容基础。很多传说故事是人们对民间事物的故事性解释。当地居民将民间事实和武术类民间叙事融合在一起,提高了武术类民间故事的可信度。民间叙事和历史事实的本质不同,民间叙事的历史真实性要远小于历史事实。从文化的角度来说,民间叙事中出现的地名、人名、事件都是客观存在的,都是真实的。人们可以从故事中感受到亲切,推动民间文化认同的形成。文化认同代表了居民群体基本的价值取向,影响人们的文化活动的开展,影响文化的存在形式,改变文化的发展模式。人们对本地武术的文化认同,体现了当地居民对本土武术的取舍和选择,决定了本土武术的发展方向。

(三)形成美德

在秦晋地区流传的武术类民间叙事,或具有精彩的故事内容,或塑造了生动传神的人物形象,或安排了跌宕起伏的故事情节,或使用了具有地方特色的叙事模式。这些武术类民间叙事中都包含了时代传承的传统美德。每一部优秀的民间故事都可以成为道德教育素材,培养习武之人的人格、品德、价值观念。故事中的人物形象可以成为人们学习的楷模。民间叙事来源于民间,流传于民间,影

响着民间。社会风气、思想观念、传统意识等都会受到民间叙事内容的影响。

(四)传承武术文化

秦晋地区武术类民间叙事是秦晋地域文化的重要组成部分。武术类民间叙事的传承是武术文化的另一种传承方式。武术发源于民间,发展于民间,传播于民间。民间具备了丰富的武术文化,积累了大量武术文化内涵。民间叙事的广泛传播有助于民间武术文化的传播和传承。在秦晋武术类民间叙事中出现的各类英雄人物、侠客豪杰,更容易被人们接受,他们的英勇事迹将会成为秦晋地区人民的奋斗目标和精神寄托。民间故事的流传增强了秦晋武术文化的传播力,改变了民众对武术文化的认知,激发了人们对秦晋武术的兴趣。秦晋武术可以吸引更多的民众参与武术练习,营造良好的武术文化发展环境,加快武术文化的发展速度,维持秦晋武术文化的传承。

六、秦晋武术文化的传承价值

秦晋地区历史悠久,文化底蕴深厚,其中武术文化就是非常重要的一部分。秦晋武术文化作为中国传统武术文化的有机因子,对于中国武术文化的形成和发展起到了重要作用。秦晋地区的武术文化历经岁月洗礼,仍如明珠般散发着夺目光芒,这足以说明其在中国传统武术文化中的地位。

(一)忠义仁勇武魂雄

秦晋传统文化所尊崇的"神武忠义",正是源自于河东解县的赫赫有名的历史人物关羽,在他身上所体现及流传下来的武德文化,至今影响深远。关羽武艺高超,且是一个非常重义气的人。关羽因为其忠、义、勇、武的精神而广为百姓称颂,但凡人们说起义气、忠勇,必然会想起关羽。自古以来,兵家领兵战于阵前,必然希望将士勇猛、兵卒善战,能够一直取得胜利,而练习武术的人,也无不希望自己能够武功盖世,成为武林当中的佼佼者。春秋大刀因为被关公曾使用而被称为关刀,也因此而获得了更多习武者的尊敬。山西省赫赫有名的少林拳师郝学儒向来喜爱练习春秋大刀,这是因为他非常尊崇关公的浩然正气,因此为了更好地"习其器,传其志",郝学儒数十年如一日,勤勤恳恳地练习春秋大刀。

在陕西,民间武术团体在"耍场子"时,一直遵循着"开场流星,闭场春秋"的原则,开场节目是拳师的流星锤表演,最后一个压轴节目则必然是一套开合有度、气势逼人的春秋大刀。由此可见,关羽的忠、勇、义等精神,时刻激励着习武之人。

(二)尊师重道武生孝

武术文化的传承方式主要以师徒传承为主,而这种传承方式对于武术文化的流传,起着决定性的作用,因此师徒关系中体现出来的武德,是非常值得当代人关注的问题。尊师重道是习武者代代传承的良好品德。山西形意拳大家孙德宜师承布学宽,他在师父晚年期间几乎每天到其家中探视问安。期间百姓生活非常困难,孙德宜家也不例外,但就是在如此困难的情况下,他仍是常常将师父请到家中,用仅有的粮食为师父改善伙食、补充营养。山西洪洞通背拳大家徐克明刚刚拜师郭清秀时,郭家人全部染病,当时其朋友因害怕被传染,都远远地躲开了,而徐克明则义无反顾地去师父家照顾病人。当郭清秀的独子不幸因病身故时,徐克明为了减轻师父师娘的痛苦便拜师为义父,后期全权料理师父的生活。患难中见真情,武术大家对师父的尊敬、孝顺着实让人感动,这也正是武德的精髓所在。

(三)谦虚谨慎武风正

秦晋武术界的良师们除了谆谆教导弟子、引导弟子成为武术与武德兼备的人才之外,更是身体力行,用自己的行为诠释着什么才是真正的武德。1926 年,戴氏心意拳名家戴魁在内蒙古打败了当地的一名拳霸,拳霸不久毙命,戴魁铲除了邪恶势力,后来戴魁的传人考虑到那拳霸的后人都是遵纪守法的百姓,为避免祸及子孙,因此经商议后决定在谈及此事时使用化名"六十二"或"流矢儿",不得使用真名。这种做法正是为了维持社会和谐,是武德之一——口德的具体体现。除了口德,秦晋武术界还非常重视口礼,像陕西红拳在演练开始之时,都会先礼貌地道一声"请",然后才正式开始,同时在表演结束后,不但要拱手揖礼,还会说"见笑"等自谦语。上述种种做法,体现的是秦晋武德文化的优秀传统,以及秦晋武术文化积极向上、谦虚谨慎之风。

学习武术能够使练习者强身健体,掌握必要的防身自卫之术,但在敌我双方交手的过程中,如果出招过于狠毒,则可能出现致伤致残现象,后果非常严重,因此秦晋地区修为较高的武术大家总会非常小心谨慎,不到万不得已绝不轻易出手,即使出手也是以制敌屈服为目标,而并不伤人性命。这种谨慎的武风来源于良师的谆谆教导,来源于良师的一以贯之的武德教育,这种历经岁月洗礼历久弥坚的秦晋武德文化,正是我国传统武术文化的一部分。

第五章　齐鲁武术文化

第一节　齐鲁武术文化的研究范围

作为中华武术文化的重要组成部分,齐鲁民间武术文化内容丰富、拳种颇多,群众基础比较深厚。在大力弘扬优秀传统文化的今天,分析齐鲁民间武术的地域特点,梳理齐鲁民间武术文化,对于齐鲁民间武术文化的传承和保护意义重大。

一个时代有一个时代的特征,一个地域有一个地域的特色,郭志禹教授认为,可从历史、地理角度,根据地域的不同来深入研究武术的地域文化特性。这种武术的地域理论学说为中国武术文化的发展奠定了理论基础。郭守靖、郭志禹认为,地域武术文化的研究,需要遵循一定的策略,可以通过将武术文化划分为文化圈、文化丛的方式,来具体分析因地域的不同所导致的武术文化从内涵到特质方面的差异。马敏卿等根据"武术文化圈"理论,重点研究了齐鲁武术文化,李虎、周永芹通过研究某一地域的地理环境、地方文化特征等,来深入分析不同地区民间传统武术的内涵、特征等,并推动中国地域武术文化的研究向前迈出了一大步。纵观上述关于中国传统武术文化的研究可以看出,研究齐鲁地区武术文化的发展规律及未来走向,对我国传统武术文化的发展意义重大。

一、"齐鲁"称谓的由来

公元前 21 世纪,山东地区是夏朝东夷部族的主要集聚地。在商朝,山东西南部是商朝统治者的主要活动中心。在西周时期,周王掌握着天下的威权。周平王东迁后,周朝皇室逐渐失去了掌管天下的能力。各路诸侯开始瓜分周朝的土地。秦国占据了周朝的西部地区,成为盘踞在周朝西部的强大诸侯国。晋国占据了现在的山西地区。齐国、鲁国,占据了现在的山东地区。楚国选择了湖北,燕国选择了北京和河北北部地区。吴国、越国,于长江下游地区建国,吞并了周围一些小的诸侯国,逐渐发展壮大。春秋战国时期,秦王灭六合统一天下。在山东境内,齐国、鲁国是最大的诸侯国。两国经济、政治、文化发展水平较高,对中国历史产生了重要影响。之后,山东地区被称为"齐鲁之邦",简称为"鲁"。

二、齐鲁地域的地理环境

山东省处于太行山东部,黄河下游地区,濒临黄海、渤海。全省拥有近 20 个地级市,100 多个县、县级市。全省地形以平原丘陵为主,沿海地区分布有较多岛屿。按照区域,山东省可以分为鲁西北平原地区,鲁中南山地丘陵地区、胶东低山丘陵地区、胶莱平原地区等四部分。黄河、大运河均流经山东境内。微山湖、昭阳湖是山东省的著名水域。山东位于温带,气候环境属于温带半湿润季风气候,西北部是河北省,西南部是河南省,南部是安徽省、江苏省。

三、齐鲁武术文化概述

自然因素、社会制度、政治背景等都是影响武术地域性特征的重要因素。齐鲁大地是齐鲁武术文化的发源地。在齐鲁传统历史文化中,齐鲁武术文化占据了重要地位。齐鲁武术文化的表现形式多种多样,没有固定形式,本质特点受齐鲁文化的影响,具有多种文化特征。齐鲁武术文化是表现齐鲁人武术意识形态、思维方式、社会行为方式的主要表现形式。武术活动的外部表象、内在规律、社会形态、思维模式、价值取向等都属于齐鲁武术文化的主要内容。技术特征、社会现象、精神意识,是齐鲁武术文化的三个文化层次。技术特征是指齐鲁武术中包含的武术套路、格斗技巧、拳法功法等。社会现象是指齐鲁武术文化的演变、传承、传播等。精神意识是指齐鲁武术文化中包含的齐鲁人民的思想道德、个人修养、精神意志等。

齐鲁武术文化是齐鲁传统文化的重要组成部分,齐鲁文化的内容对齐鲁武术文化的形成和发展产生了深远影响。为了深度挖掘齐鲁武术文化和中国武术文化的内容,应全面考察齐鲁大地不同地区、不同民族的武术文化内容,对比不同武术文化之间的差异,掌握武术文化内容和武术精神之间的联系。齐鲁地域位于黄河中下游,北部是燕赵地域。京杭大运河、大清河、沂河等水域都流经齐鲁地区。东部地区有渤海、黄海等海域,中部地区有中岳泰山。胶州东部地区丘陵众多,是兵家文化的发源地。稷下学宫坐落于胶州东部地区。中南部区域有儒家的发源地曲阜。西部区域则是水浒文化的发源地。根据山东地区的地域特征、地理环境、社会环境、政治环境、经济环境等因素,可以将齐鲁武术文化划分为三个武术文化圈,即胶东半岛武术文化圈、鲁中南武术文化圈、鲁西北武术文化圈。古典侠义文学对胶东半岛武术文化圈的影响较大。齐文化对鲁中南武术文化圈的影响较大。鲁文化对鲁西北武术文化圈的影响较大。

第二节　齐鲁武术文化的发展历程

一、先秦时期的齐鲁武术文化特征

在历史初期，为了获取生活资源，开拓生存区域，齐鲁先民使用的各类格斗技巧和技击行为，是齐鲁武术的雏形。我国考古学家在山东龙山城附近出土了大量来自新石器时代的兵器，说明在新石器时代，齐鲁地区就已经形成了齐鲁武术的雏形。

传说记载，在炎帝时代，各路诸侯纷争不断，人民生活环境被大肆破坏。为了平定战乱，黄帝联合周边各个诸侯，聚集兵力，铸造武器，在逐鹿和蚩尤，军队进行决战。战争胜利后，黄帝化解各个部落之间的矛盾，统一了所有部落，建立了中华文明史上第一个原始国家。黄帝的敌人蚩尤是东夷族人。当时的东夷族人生活于现在的山东地区。蚩尤是中国神话传说中的战神，和黄帝对抗长达数年。逐鹿之战战败后，蚩尤被杀。蚩尤死后，黄帝将蚩尤的形象记录在画中，使用蚩尤画像威慑其他部落。这说明蚩尤在当时的所有部落中都具有较强的威慑力。

在尧帝时期，中华大地洪水泛滥，生态环境急剧恶化，人们的身体出现各类问题，比如胸闷气短、气血不畅、关节不够灵活、活动能力退化等。尧帝带领当时的人们开山通河，疏通洪水，和自然环境进行艰苦的抗争。舜帝继位后，三苗部落妄图脱离舜帝的统治。舜帝向尧帝建议，放弃使用武力，创造干戚舞，威慑三苗部落，平息叛乱。

甲骨文记载，我国夏朝最早出现了记录武术的内容。考古学家在山东济南地区发现了大量古代兵器的遗物。这说明周朝时期，齐鲁大地的民众已经开始制造青铜制兵器。商周时期，祭祀和军事成为每个国家的重中之重。春秋战国时期，各路诸侯战争不断。为了对外显示国家的军事水平，各国统治者将军事演习和社稷祭祀相互融合。各国祭祀期间会邀请别国国君参加，向其他国家展示自己国家的军事力量，威慑邻国。社乐是当时各个诸侯国之间常见的活动形式。武舞、对阵比赛是祭祀活动中包含的军事演习活动。统治者使用这种方式向祖先和邻国展示军事力量。春秋诸国中的齐国先后组织了 6 次军事活动和 3 次和平会谈，这 9 次联合各个诸侯国的会盟活动被称为九合诸侯。战争是推动武术发展的因素之一。

在春秋战国时期,山东地区的高子戈是当时的著名武器,兵刃锋利,造型精致。经济实力和军事实力是评判春秋战国时期各诸侯国综合国力的主要因素。经济实力代表了国家的社会生产能力和社会稳定性。军事实力代表了国家抵御的能力和军事攻击力。在春秋战国时期,剑道、射术是齐鲁地域两国武术习练的主要内容。每一位成年齐鲁国男子都会熟练使用长剑,用于技击。佩剑是每一位习武之人的标识。齐国以弓箭精良著称。齐国生产的弓箭,弓使用泰山之木,弦使用麋鹿之筋,用材精良。齐国是春秋诸国中掌握射箭理论的国家。

二、秦汉时期的齐鲁武术文化特征

秦始皇统一六国后,为了巩固统治,秦王收揽天下所有的兵器,在咸阳集中销毁。民间所有的兵器练习活动被禁止,徒手搏斗的角力等内容得以保留,逐渐演化为表演活动,进一步弱化为单纯的娱乐活动。

目前,我国考古学家没有发现完整的汉代武术图谱。汉代武术文化的部分内容仅记录在画像石中。在山东省济宁市嘉祥县挖掘发现的画像石中可以窥见齐鲁武术自汉以前的部分武术活动场景。画像的出现标志着我国文化表达的进一步发展。在汉朝,统治者主张民兵不分、劳武一体。生活在汉朝的人民都掌握了武术技巧。汉代民间武术的发展,丰富了武器的种类,剑、刀、斧、弓、弩等都是汉代常见的武器类型。对嘉祥县与武术有关的画像的研究发现,汉代以前齐鲁地域的武术就有空手对空手、空手对武器、武器对武器等,比如徒手对剑、剑对剑等。在汉代,徒手对兵器和兵器对兵器,促进了武术器械的运用。每种兵器都可以作为表演道具或战争工具。表演动作具有攻防性,在战争中可用来杀敌。汉代的民间武术和军事武术有相同的起源,军事武术和民间武术都注重武术技巧的实用性和实战型。军事武术将实战作为主要目的,民间武术则以实战性为基础,促进了军事武术与民间武术的发展。

(三)盛唐时期的齐鲁武术文化特征

唐代时期的武术有了较大发展,唐代实行的"武举制"考试内容有马射、步射、马枪、负重等,"武举制"的设立促使更多的人希望通过武术的练习得以进入仕途,促进了武术技艺的发展,同时,唐朝长安的繁荣富庶,吸引了大批的北方游牧民族,把具有北方民族的豪放刚健、好勇尚武的社会风气带入长安,民族的杂糅催生了唐代的游侠尚武之风,在此大背景下齐鲁的武术也随之发生变化,在军事武术上多以骑射及长兵器为主,如枪、戟、戳等的使用,民间武术由于经济的繁荣与异域文化的交流,角力、手搏在齐鲁地域得以发展,同时剑自秦汉以来,在军事武术上基本被淘汰,因而只在民间发展,在唐朝时期剑术的盛行,间接促使剑术在齐鲁地域得以发展。

宋元时期民间武术有了较大的发展,出现了结社组织,推动了武术在民间的传播与发展,其中器械技艺得到了进一步的发展,促使武术多元化的发展,并推动武术体系得到进一步的完善,丰富了武术文化的内涵。

明清时期齐鲁地域武术得到了极大的发展,迎来了蓬勃发展的局面,出现了大量武术书籍,其中包括拳术图谱、器械图谱、技法的运用、习练口诀等,并形成了不同的武术门派,如内外家之分,少林、太极、形意、八级、八卦等拳种之分,推动了不同风格的拳术与器械的发展,明代齐鲁地域武术开始出现以实用为主的格斗技能,而清代由于内家拳的兴起,齐鲁地域武术多以行意、练气等内家拳为主。同时齐鲁地域民间武术多以民间秘密结社相传习,也助推了齐鲁地域武术在民间的兴起,如梅花拳等均是在此背景下产生的。

四、齐鲁武术文化的近代特征

武术社团是指我国民间习武者自发组织的武术练习组织,又被称为民间拳社,是我国民间武术的主要发展方式。武术社团的传授内容一般是传授者比较擅长的武术种类,比如拳法、器械等。武术社团具有武术交流、相互帮助、反抗压迫等多种作用。在宋代,民间武术社团逐渐兴起,很多练武结社组织沟通密切,相互结合。对于封建统治者而言,民间武术社团是威胁统治者政权稳定性的重要因素。我国宋朝、元朝、明朝、清朝都明令禁止民间武术社团的出现和成立。

在清朝,山东省境内存在部分民间武术社团。清朝初期,水浒拳房在山东西部地区微山县成立。在拳房发展期间,来自三个世家的九代传人,教授了万余名徒弟。1801年,少林玉门拳场在黄山成立,期间共教授徒弟4 000余人。乾隆年间,山东地区民间拳场层出不穷,每个拳场都拥有千余人的授徒规模,汇聚了大批民间拳师,进一步推动了齐鲁武术文化在民间的发展,促进了不同武术文化之间的交流,加快了武术的发展速度。

中日甲午战争后,为了反抗帝国主义侵略者的殖民行为,山东境内再次掀起了习武浪潮。在山西和山东交界处,每个村庄都会邀请著名拳师,创办拳馆,教授村民学习武术。我国近代著名的义和团运动就是民间拳社发展壮大的具体表现。拳社、拳房是义和团运动的发展基础。1896年,朱红灯在曹州、德州一带成立大刀会,发展义和拳,抵抗帝国主义的侵略。之后,义和拳发展成为义和团,开始在山东境内进行反帝国主义反侵略斗争。山东中部地区、西北部地区的民间武术社团迅速发展壮大。1899年,山东巡抚袁世凯开始打压义和团的活动,镇压义和团的各类活动。在清政府的镇压活动下,山东地区很多民间武术组织解散。

辛亥革命时期,为了抵抗外来侵略者,中华武术再次被各界人士重视。民间习武活动重新进入发展时期。清朝末期被严重打压,陷入沉寂的民间武术活动重新开始活跃。各类中华武术内容被纳入现代教育的课程内容。1909年,霍元甲在上海创办精武会,鼓励了国内的习武之风气,维护了民族尊严。精武会成立后,全国各个地区开始出现各种武术组织。山东地区成立了大量武术学社和武术拳房,各个省、市、乡镇都有分布。武馆数量占据全国首位。山东中华武术会、山东省国术馆、青岛国术馆等武术组织是当时山东境内影响力最大的几个民间武术组织。

五、齐鲁武术文化的当代特征

新中国成立后,民间武术活动获得山东省地方政府的大力支持。山东省各地相继举办各种规模的武术比赛和武术表演活动。在政府的领导下,武术工作步入正轨。很多老拳师进入中国体育教育体系,为中国体育做出自己的贡献,宣传齐鲁武术文化,教授齐鲁武术。1954年,青岛市开设具备锻炼场所的拳社40余家,聘请大量拳师执教,其中半数以上拥有专业拳法水平。济南市、青岛市的部分工厂、体育场也会定期举行武术活动,传播武术文化。1955年,全国体育工作会议决定减小武术工作开展范围,整顿武术活动环境。在这次整顿的影响下,山东省省运会长达三届没有设置武术竞赛内容和开展武术表演活动。1956年,我国颁布《关于开展民间武术活动的指示》,提倡各级政府要保护和发展民间武术,维持民间武术的传承,提高民间武术的发展水平,坚定民间武术的发展原则,加大对民间武术组织、武馆、武校的支持力度,对拳师和民间武术组织者进行考核,促进民间武术健康发展。该指示颁布后,青岛市、烟台市先后成立了武术研究会。济宁市举办了武术选拔表演赛。1957年,济南市武术活动的发展进入高峰期,每年都会举办多场市级武术比赛和表演赛。

党的十一届三中全会后,山东省各市县、部分乡镇、企业、高等院校相继成立武术协会。山东武术活动进入全新发展时期。1984年,山东省全面掀起学习武术的群众性热潮。全省大大小小的武术活动场所有2000多家,武术活动参与人数达十万人。大量武馆、拳社重新开始营业,招收学员,发展武术。武术队、训练班、辅导站等各类武术组织层出不穷。社会经济的发展,推动了武术和武术文化的发展。山东境内开始出现由集体和个人创建的武术馆和武术学校。山东省武术训练体制逐步形成。郓城、菏泽、东明、单县被国家体育委员会命名为武术之乡。郓城宋江武校、牡丹区曹州武馆等武术学校成为山东省武术文化对外交流和传播的主要地点。

第三节　齐鲁武术的代表拳种——查拳

一、查拳的由来

查拳(见图 5-1)是山东冠县地区较为流行的拳种之一,因拳法中叉步、插掌较多,又被称为插拳或叉拳。和其他拳种的命名方式不同,插拳是用拳法的特点命名的。插拳的起源可以追溯至明朝,和温家长打七十二拳联系较为密切。在现代中国武术长达五十余年的发展过程中,中国武术共出现了两次历史性的变革。第一次变革发生于国民政府时期。国民政府和爱国人士对中国武术的大力支持,打破了中国武术之间的地域限制,赋予了地方武术传承的开放性,推动了地方武术的对外传播和不同武术流派之间的交流融合。武术科学化竞技活动最早出现于国民政府时期。第二次变革发生于新中国成立之后。中国武术成为我国民族体育的重要发展内容。国家和地方政府加大了对地方武术的扶持力度,推广地方武术,扩大武术文化的普及范围,增强武术的竞技性,将竞技化武术作为中国武术的主要发展方向。第二次武术发展变革推动了中国地域武术之间的融合,很多小的武术拳种融合成为较大的武术拳系,比如少林拳、形意拳等。在融合过程中,由于学习人数较少,拳种传播能力不足,很多较小的拳种渐渐消失在历史长河中,一部分小拳种保留了武术内容,更改了名称。查拳诞生于这次武术融合中,更改了原有的拳种名称。根据史料记载,最早的查拳记载出现于清朝雍正年间。

二、查拳的地域分布

经过中国近代武术查拳大师的发展和完善,在清朝雍正年间,山东地区流传的查拳有三种流派,分别为张氏查拳、杨氏查拳、李氏查拳。

图 5-1　查拳

快速敏捷、拳法严谨是张氏查拳的拳法特点。张其维是张氏查拳的代表性人物。张乾、张进堂等都曾向张其维传授过查拳。张其维一生习武,传授拳法的过程较为严格,教导出大量查拳大师。在民国时期,张其维的徒弟张凤岭等人在河南拳馆任教。

刚劲有力、招式连贯是李氏查拳的主要特点。李恩聚是李氏查拳的代表人物,教学严谨,从事过保镖和镖头,任职于上海精武会,收徒规则较为严格,徒弟人数较少。

在清朝光绪年间,山东省内的三种查拳流派主要在山东西部地区传播。1902年后,山东查拳走出山东省,开始在山东省周边省份传播,比如河南、上海、江苏等地区。部分查拳传人将查拳带出国门,传播向海外地区。

三、查拳的形成

查拳拳法套路较多,分为查拳套路和副拳套路两种。十路弹腿、器械格斗、拳法对练是学习查拳的基本项目。查拳发展时间较长,至今共传承了数十代人,是我国拳种体系完整性较高的拳法之一。基础功法、徒手套路、器械套路、对练套路、自由搏击是查拳的主要内容。

查拳的练习讲究化整为零。查拳的技术和基本动作构成了基本功法。练习者首先要修习功法，锻炼左右对称能力。查拳拳法学习难度较低，创新意识较强，练习内容主要集中于弹腿、抄手、捣捶等。弹腿是查拳拳系主要练习的腿法，共有十种腿法种类，练习者可以学习全部十路弹腿，也可以单独学习一路弹腿。抄手是查拳拳系中的掌法，捣捶是查拳拳系中的拳法。为了练习手部和腿部的抗击打能力，传授者会要求练习者使用沙袋锻炼。石锁是查拳拳系中用于增强身体力量，锻炼身体各部分协调性的重要工具。

查拳拳系中的徒手套路分为 10 种，副拳套路分为 14 种。徒手套路和副拳套路诞生于查拳和其他地域武术融合的过程中。查拳中的四路洪拳借鉴了洪拳中的部分拳法。三路炮拳借鉴了少林炮拳中的部分拳法。形神兼备、结构严谨、攻防有致是查拳拳系的重要特点。

查拳拳系中的器械格斗套路包含多种兵器，比如刀、枪、剑、钩等，如图 5 - 2 所示。刀可分为查刀和偃月刀，枪可分为查枪和大奇枪，钩可分为查钩和行钩。查拳拳系中的器械格斗套路不够完整，大多散落于民间，部分套路已经失传许久。方法清楚、刚柔并济、节奏分明是查拳器械格斗套路的主要特点。

(a)

图 5 - 2　查拳拳系中的器械格斗

(a)剑

(b)　　　　　　　　　　　　　　　(c)

续图 5-2　查拳拳系中的器械格斗

(b)棍；　(c)枪

　　查拳拳系中的对练套路内容丰富,有多种拳术对练技巧和器械对练技巧。对练套路是查拳拳系中的重要组成部分。历届查拳传人都非常重视查拳的对练套路。在对练过程中,练习者必须保证武术动作的准确,击打位置的精确,对武术动作烂熟于心,身体和器械可以完美配合。查拳拳系中的对练套路是练习者学习自由搏击的基础。

　　按照熟练程度,查拳拳系中的自由搏击可以分为两种类型:①熟练程度较低,适合初学者练习的操行手;②熟练程度较高,适合有经验的练习者练习的打散手。操行手的主要内容是查拳中实用性较强的拳法和脚法。在练习过程中,练习者需要单独练习查拳中的每一个分解动作,化整为零,熟悉每一个动作,进行一对一的动作训练,设置攻击方和防守方。进攻动作和防守动作可以使用单一动作,也可以使用组合动作,手脚分离,熟练后可以将拳法和脚法融为一体。操行手掌握成熟后,练习者可以进行打散手的训练。在民间,对练是打散手的主要表现形式。参与打散手训练的两方不穿戴任何护具。传授者会规定练习者禁止对人体要害部位发动攻击。动作技巧、拳法变化、实战反应是打散手的主要练习内容。打散手的对练原则讲究点到为止,打击力度要轻,防御速度要快。练习者需要提高胆量,将日常学习的对练技巧运用至实战中,融会贯通,锻炼身体的灵活性和协调性,培养实战意识,增加实战经验。在查拳的自由搏击观念中,进攻是最好的防守。在对练过程中,进攻是最优对策,躲避是中等对策,后退是下下策。打散手和真正的搏击存在一定的差距。打散手的技巧是搏击技巧的基础。受练习条件的限制,打散手的训练不能穿戴任何护具,练习者的击打力度较轻,远低于搏击的击打力度。在对练过程中,打散手讲究武术套路和武术技巧,讲究拆招和借力,感情因素对练习者的影响较为明显,阻碍拳击效果的发挥。搏击则讲究一招致敌,选手不会受到过多感情因素的影响。获胜是自由搏击的最终目的。选手搏击时,可以使用任何不违反比赛规则的方式,可以使用任何套路和任何技巧去攻击对手。搏击的实质是两位参赛者体力、技巧、力量、意志、抗击打能力的比拼,自由搏击如图 5-3 所示。

图 5-3　自由搏击

第四节　部分拳种的传承形态和传承路径

一、传承形态

1.梅花拳的传承形态

梅花拳作为中国重要拳种之一,形成时间较早,但是不论是形成于春秋战国还是形成于秦汉,这个拳种真正走进百姓生活是在明末清初,梅花拳由山东开始传播,遍布河南、河北地区。最初梅花拳被称之为“父子拳”,这是因为此种武术拳法的传承是父传子子传孙的家庭传承方式,后来历经发展演变,最著名的山东菏泽梅花拳得名“父子梅花拳”。梅花拳主要分为文场和武场两个部分,这两种形式相辅相成、联系紧密,文场中蕴含着重要的武术理论,以形成对武场的指导和引导,武场则重在武术技术,无形中发扬着文场的理论精髓。梅花拳风格主要有拳法严密紧凑,身步稳健敏捷,手法朴实多变,结构严谨,动作舒展大方,大开大合刚柔相济等特点。传承特点如下。

家族传承为主。梅花拳主要形成于如下三个区域:荷泽高庄集刘家、荷泽南关、荷泽双河集。更为关键的是,菏泽梅花拳的传承传统——父传子子传孙——始终未曾改变。

师徒传承拜师仪式隆重。师从梅花拳传人王丕廉先生的桑全喜教授,不但出生、成长于武术之乡菏泽,更是自小习武,他认为菏泽梅花拳一直都保持着"师徒传承"的传承方式,拜师仪式十分隆重,且一年一度的祭祖活动更是如此,而这种仪式方面的庄严性,无不显示着民间传统武术的魅力。

馆校传承较少。历史在进步,时代在发展,菏泽地区的武术馆校也是如此,从办学理念到培养模式都发生了极大变化,对学生的培养目前是以竞技武术为主,当前菏泽地区的梅花拳传承主要以家族传承、师徒传承为主,徒弟在完成拜师仪式后,师父就开始教授梅花拳,而武术馆校的传承则相对比较分散,且数量较少。

2. 太平拳的传承形态

平阴太平拳的开创者根据自身多年的实践经验,开创了独具风格的拳理,其重要特点是稳、准、狠,并且兼具南派功夫的轻灵和北派功夫的迅猛等特点,是民间传统武术特征非常鲜明的一种拳法,以往太平拳的唯一传承方式为祖传,传内不传外。但是,当代太平拳传承人王大庆老师正在做着一些尝试,他广收弟子,向外传播太平拳,太平拳目前在山东济南民间也逐渐流传开来。

3. 螳螂拳的传承形态

螳螂拳是齐鲁地区的民间优秀传统武术拳种之一,其中六合螳螂拳、梅花螳螂拳、七星螳螂拳均属螳螂拳系中的流派,其传承体系相当严密,主要以师徒传承为主,一般人难以有机会接触到该拳种。习武者必须通过自己的刻苦练习以及不断钻研参悟,以及师父的耐心点化,才能真正领悟螳螂拳的拳理和相关技术特征,这也就决定了当前能够真正领悟螳螂拳真谛的习武者凤毛麟角。六合螳螂拳过去主要在山东黄县、招远等地较为盛行,后流传至东北等地,梅花螳螂拳也称"硬螳螂",其风格偏刚硬,发力多为寸劲,手法多为提拿封闭、粘黏帮贴、来叫顺送,动作灵活多变,在山东威海地区较为盛行,器械有螳螂刀、剑、枪、棍。七星螳螂拳其练功方法以七星步,以头、肩、肘、拳、膝、胯、脚七个部位为技击手段而得名,其拳法风格朴实,刚柔相济,其长可远击,短可肩肘胯膝,不招不打,招之即打,连招带打。螳螂拳在山东主要分布在莱阳、海阳、即墨、崂山、蓬莱、龙口、乳山、平度、文登、济南、潍坊等地。

二、传承路径

1. 师徒传承

武术的师徒或父子传承模式,决定了传承人对该武术种类的延续具有极其重要的作用,保护传承人其目的就是保护齐鲁民间武术。因此,应建立齐鲁民间武术非物质文化遗产传承人保护体系以及齐鲁武术文化传承基地,以作为武术传承人保护的制度保障,并深入调查、走访民间武术遗产传承人、传承团体的相关状况,从而为齐鲁地区的武术文化的传承、武术技术的传承等提供坚定的支持,并为齐鲁武术的发扬光大创造更好的社会环境、培养更多的优秀人才。

2. 教育传承

教育是事关人类社会发展的千秋大业,是知识、文化传承的重要方式,武术文化和武术教育也不例外,因此在学校开设武术课程,也是当前我国传统武术非物质文化遗产传承的重要方式。为了更好地做到这一点,中共中央办公厅、国务院办公厅联合颁布的《关于实施中华优秀传统文化传承发展工程的意见》中指出,中华优秀传统文化应始终贯穿于我国国民教育之中。当前很多人热衷于练习竞技武术,但是学校却并未设置专职人员来教授武术流派的相关理论知识及拳种技法,这就导致青少年虽然片面了解了一些拳种、流派的知识,但实际依然是一知半解。因此,学校应根据国家武术管理中心的"武术六进"号召,积极响应全国学校武术联盟"一校一拳"的教改理念,为传统武术的传播作出应有的贡献,切实提高传统武术的社会影响力。

3. 媒体传承

数字新媒体目前是一种广为人们接受的文化传播载体,因此民间武术文化可充分利用这种传播方式,做好传统武术文化的传播工作。通过走访各传统武术拳种的传承人、拳师等,详细搜集相关资料,整理各拳种的杰出人物资料,可以通过出书、拍摄视频等方式,为传统拳种的流传作出贡献。

4. 社会传承

民间武术深深植根于百姓生活当中,齐鲁民间武术文化的传承也不例外,需要充分借助广大社会公众的力量,并通过持续的宣传、推广来予以发扬光大。政府、文化管理部门可出台相关文化政策,鼓励社会力量加入齐鲁武术文化遗产的保护和传承工作中,并与国家的"全民健身""健康中国"战略相融合,实现传统武术的产业化发展,推动齐鲁传统武术拳种的传承。

第六章　中原武术文化

中原文化是我国传统文化的重要组成部分,底蕴深厚是中华民族传统文化的源头之一。在中原文化中,极具代表性的是少林功夫、太极拳等中原武术文化。这些中原武术文化蕴含着丰富的中原文化特色。大力发展中原武术文化产业,可以加快中原武术文化和体育产业的融合速度。

第一节　中原武术文化的发展背景和历程

在党的十七届六中全会上,社会主义文化强国成为我国文化建设的重要目标。在《关于加强体育文化工作的通知》中,国家体育总局提出:"要大力加强民族体育、民间体育、民俗体育的推广,扩大体育文化消费,促进体育产业与文化产业的融合发展。"在十二五工作规划中,国家体育总局规划了文化产业建设道路,力求全面发展民族传统文化。河南的文化资源底蕴丰厚。近几年,为了挖掘中原文化,发展体育文化产业,国家相继出台了《关于大力发展文化产业的意见》《关于加快发展体育产业的意见》等指导性文件,提出了打造体育名牌、部署文化战略的发展目标,以中原武术文化为发展中心,加快河南武术文化产业发展速度,将中原武术的文化品牌推向世界。

文化的载体共分为两种:一种是物质文化,一种是非物质文化。武术文化属于非物质文化。精神价值、思维方式、想象力、文化意识、民族生命力、民族创造力是非物质文化的主要表现形式。具有中原传统特色的少林武功、陈氏太极拳均属于我国国家级非物质文化遗产,收录于我国国家级非物质文化遗产名录中。中原武术发展历史悠久,文化内涵丰富。中原地域文化是少林拳、陈氏太极拳等武术流派的起源,是中原武术文化的基础。在漫长的发展过程中,中原武术文化的特征和内涵日趋完善并进一步发展。在不同时期,中原武术文化的发展会受到当时环境的政治、军事、经济、文化等因素的影响。在特定的历史环境和文化氛围中,中原武术文化逐渐形成了独特的发展轨迹。这种发展轨迹具有浓厚的地域特色,不可复制,独一无二。探寻中原武术文化的形成过程,掌握中原武术文化的发展道路,需要追寻中原武术文化的发展历程。

一、中原武术文化的初步形成

中原武术文化的成型阶段是先秦之后,鸦片战争之前。在成型阶段,代表中原武术文化的三个拳种正处于筑基阶段。社会民众逐渐接受武术文化,并开始理解武术文化的文化价值。在历史发展过程中,河南一直是政治、经济、文化的中心发展区域,文人志士较多,学术思想活跃、学术事业发达。在这些因素的影响下,相比于其他地域武术文化,中原武术文化成熟的时间较早,更具地域文化特色。中原武术文化在中华武术文化发展中占据了重要的地位。在古代,由于资源丰富、环境舒适,中原　直是兵家必争之地。尚武之风在中原逐渐盛行。在战国时期,《汉书·刑法志》中记载:"齐慜以技击强,魏惠以武卒奋。"中州武术,即中原武术,是研究中国武术的重要切入点。在中原地区,比较著名的拳种有两种:一种是嵩山少林寺的少林拳,一种是温县陈家沟的陈氏太极拳。苌家拳和中气论也是中原文化艺术的瑰宝。气功是中国武术的重要武术理论。苌乃周的《培养中气论》是我国研究气功最为全面的作品。在冷兵器时代,周武王提出了"夹振之而四伐"的战斗理论。在三国时期,曹丕将当时的剑术评价为"四方之法各异,唯京师为善"。在唐朝,"十三棍僧救唐王"被后世传为佳话。在明清时期,中原武术发展速度大幅加快,初步形成了独特的武术文化体系。

二、中原武术文化的快速发展

中原武术文化的快速发展时期是鸦片战争之后,新中国成立之前。在快速发展阶段,近代西方体育文化开始对我国武术文化产生影响。古代中国武术逐渐向近代中国武术转变。晚清后期,中原武术出现了很多较为著名的武术流派,比如开封的查拳、猴拳、梅花拳,安阳的弹腿,豫东的洪拳,淮阳的六步拳,博爱月山寺的八极拳,朱仙镇的汤瓶拳等。在中原武术中,很多拳法、拳谱,或散落民间,或久经失传,或被图书馆收藏。1936年,德国柏林奥运会期间,中国武术的国术队员中有五名来自中原地域的成员。

三、中原武术文化的成熟与繁荣

中原武术文化的成熟阶段是新中国成立之后。武术文化的传播途径越来越趋近多样化,中原武术文化进入新的发展阶段。在当今社会,高科技现代武器成为主流,武术逐渐远离战争,成为独立存在的文化财富。健身、防身、修身,是武术的主要作用。在中原武术文化的影响下,新中国出现了一批较为著名的武术大师,其中有常振芳、张文广、刘玉华均出自中原地域。在新中国成立之后,中原武术为国际培养了大批优秀的竞技武术人才。武打电影《少林寺》以少林寺的历史为题材,将少林寺的文化底蕴和武术气氛融入电影拍摄中。在河南共举办过七届"郑州国际少林武术节"、两届"世界传统武术节"、四届"焦作国际太极拳大会"。在媒体方面,《武林风》栏目是河南宣扬中原武术文化的重要媒介,是联结武术和媒体的重要载体。在资源开发方面,舞剧《风中少林》是中原武术文化资源新的开发方式,有利于中原武术文化的发展。中原地区逐渐成为当代武术文化发展的重要区域,中原武术文化开始快速发展。

四、中原武术文化的精神特征

止戈是中国武术的最深底蕴,意思是不动武,不是单纯为了胜负而战。中国武术的这种精神实际上与中国传统文化的精神是非常契合的。中国武术中所体现出的文化理念,也正是中国传统文化的重要内容,是中国传统文化的载体和符号。

中国武术既不同于欧美拳击的张扬、刚猛,又与充满特色的日本空手道存在天壤之别,更与浓烈的泰拳千差万别,其中蕴含着中华民族对搏击之道的独有悟解。中国武术主张内外兼修,讲究刚柔相济,既内涵丰富,又外形阳刚健美。中国武术并不单纯是搏击与拳脚的叠加,不是技法与力量的简单组合,而是先辈们对世界、对生命的理解,是一种充满哲理的古老东方哲学,是中华民族世世代代追求的和谐生活方式的体现。

第二节　中原武术文化的内容

一、技艺精湛的少林武术文化

少林拳因少林寺而得名,主要有罗汉拳、小洪拳、大洪拳、六合拳等,其风格刚健有力、刚中带柔、朴实无华,讲究实用,没有花架子,少林拳强调技击实用,攻防兼备,以攻为主,风格主要体现一个"硬"字。练习少林拳时,练习者不受场地限制,手法要求曲而不曲,直而不直,以便发力,步法要求稳固而灵活,少林拳衍化为南北两派,南派多注重拳法讲究贴身近打,北派多注重腿法,善远击。

少林武术的特点是技艺精湛、禅拳一体。少林武术起源于禅宗祖庭少林寺,吸收了佛教文化中的精髓,使用佛学理论和佛学思想,逐渐形成别具一格的拳法体系。少林武术的武术独特,以习武修禅、参禅悟武、禅拳一体为主要内容。少林武术文化的传播得益于少林精神。在历史发展过程中,少林以国家、人民、社稷为重,以自强不息、日求精进为主要思想,以匡扶正义、除暴安良为主要目标。少林精神是少林武术延续至今的重要保障。少林武术蕴含了丰富的中国传统文化,融合了易学、兵法、伦理、美学、养生、舞蹈、儒家、道家、释家等各学派精髓,是中国传统文化的重要载体之一,少林拳的每招每式中都体现着中国传统民族文化,如图6-1所示。

图6-1　少林拳

二、和谐统一的太极拳

中原太极拳融合了古代导引术、古代吐纳术,是中国古代阴阳学、中医学、中国传统伦理观、道德观、审美观的集中体现。陈式太极拳最早出现于河南省温县陈家沟。古太极图是太极拳的基础。和谐统一是太极拳的主要思想。太极拳注重锻炼经脉、以意行气。根据《老子》,太极拳形成了独特的武德,即遵循事物客观规律,不得强求,顺其自然,和谐统一。养德,即培养人体内部的和谐统一,培养浩然正气。"守仁""守和""守节""守弱"是太极拳的主要思想内容。太极武术文化的魅力是太极拳的特点之一。如图6-2所示。

太极拳是中国武术拳种里最能体现中国人的哲学思想的一种拳种,关于太极拳的起源,武术界一直存在着争论,大多数学者认为太极拳起源元河南温县陈家沟,由陈王延所创,一直在陈氏族群中所传承,被人称为陈氏太极拳,在清末时期太极拳才开始外传,基于技击、发力特点及技法侧重点,衍生出杨氏、武氏、孙氏、吴氏四大流派。学者杨建营分析了杨式、武式、吴式、陈式太极拳,认为它们共同的核心是通过灵动柔化的方式实现引进落空,但在具体方法上又分别以掤、挂、偏、拧为核心,杨式太极拳以"抽丝直射"的抛掷技术为核心,武式太极拳以"后引下挂"后借势发放的技术为核心,吴式太极拳以"旋转轴滚"的偏转技术为核心,陈式太极拳以"缠丝拧裹"的拧转技术为核心太极拳。太极拳与养生相结合的主要形式包括防技击型、健身养生型、艺术表现型。

图 6-2　太极拳

三、顺应自然的中原本土武术文化

中原武术中蕴含着中原的生活气息和中原的自然特色。这是中原武术文化魅力的重要组成部分。中原武术的表现形式之一是仿生,即模仿自然界动物的各种行为,完成武术的创造。其中最为著名的是导引仿生术和名医华佗创造的五禽戏。这些均来源于飞鸟走兽的生存行为,使用武术的形式模仿生物的行为。这种武术形式使中原武术融入了本土地域文化气息。在中原武术中,仿生共分为两种类型:一种是生活仿生,一种是自然仿生。在生活仿生中,中原武术将日常生活中的各类动作融入武术动作中,相继创造出了"拨云见日""双手摘花"等生活仿生类武术招式。

四、崇尚武德的多元武术文化

崇尚武德、注重美学是中原武术文化的独特魅力。"未曾习武先习德""武以德立"表现了中原武术文化的中心思想——德。中原武术文化以我国传统伦理观、道德观为主旨思想,以德养人,以德练身。在中原武术的发展过程中,中国传统美学对中原武术文化产生了深远影响。中原武术的每招每式都蕴含着民族文化特征,观赏价值较高。在观看中原武术表演过程中,观众不仅可以领略中原武术的博大精深,还能感受中原武术文化的精髓。

多元化是中原武术文化的特点之一。在中原地区,少林拳、太极拳、苌家拳等出现于不同的时期,每个拳种都具有不同的文化特色。这些拳种之间的文化影响、文化借鉴使中原武术文化逐渐成为独立的文化形态,多元化成为中原地域武术文化新的发展模式。文化交流和文化发展确保了中原武术文化的延续,保证了中原地域武术文化的生命力。

五、中原武术文化的影响和发展问题

中原地区的河南省内有多座国家级历史文化名城,拥有丰富的历史文化资源和旅游资源。这些文化资源有利于社会经济的发展。武术属于体育项目的一种。在中原武术文化的影响下,河南体育产业的经济效益不断提高,社会影响力显著增强,成为河南省新的经济增长点。少林拳、太极拳是河南优秀武术文化的代表,在多届全国性或国际性武术活动中均进行了演出。中原武术文化的发展为河南吸引了大量游客,使旅游产业发展速度大幅加快,旅游业经济效益显著提高。

在中原武术文化的发展过程中,在文化研究、武术理论、武术传播、武术场馆建设等方面仍存在问题:①武术文化研究方面。中原武术文化研究缺乏较为成熟的研究成果,研究方向单一,多集中在浅层的文化领域。武术研究不等于武术文化研究,武术是一种具体的表现形式,可以供人学习,供人观看。武术文化没有实体,缺乏武术文化的深层次的研究,不利于武术文化的传承和进一步发展。②武术理论方面。中原武术文化基础理论虽然已有较为成熟的研究成果,但研究方向局限于文化表层的研究,交叉学科等的理论研究匮乏,对中原武术文化现象产生的原因没有明确的研究结果,这将会破坏中原武术文化研究的全面性,影响中原武术文化的全面发展。③媒体传播方面。目前,河南省内宣传中原武术文化的媒体类型多为传统媒体,宣传形式集中在纸质出版物。音像制品、电子刊物、网络刊物等新时代传媒方式应用较少。河南省政府应鼓励媒体使用新型媒体宣传方式,进一步推动中原武术文化的对外发展,增强中原武术文化的社会影响力。④武术场馆建设方面。武术文化的场馆建设需要适合的场地和平台。场馆和设施是武术文化正常发展的重要保障。目前,河南省内具备举办武术文化活动能力的场馆较少,现有的武术场馆不具备

明显的地方特色。这阻碍了中原武术文化的传播和发展。

第三节　中原武术文化的发展建议

信息技术的发展丰富了文化的传播路径,加快了文化的传播速度,改变了文化的传播模式。武术文化的影响力逐渐增强,成为决定国家地位的重要因素。在这种模式的影响下,武术文化必须探索新的发展模式,提升文化价值,维持文化的延续。中原地域武术是中国武术的重要组成部分,蕴含着丰富的中原文化。中原武术文化的发展决定了中国武术文化在世界文化领域内的地位。中原武术文化是中原地区的代表文化之一,发展中原武术文化有利于人们理解中原武术文化。文化需求已经成为社会满足公众新的精神层面的需求。发展中原武术文化,挖掘中原武术文化的价值,对于我国发展民族文化产业极为重要。

一、整合可利用资源,深化中原武术文化理论研究

中原武术文化的文化资源主要集中在河南省。在河南,关于中原武术文化研究的机构有很多,其中包括河南省社会科学院的中原文化研究所、河南大学体育学院的武术文化研究所。这些研究机构是推动中原地域武术文化发展的中坚力量。2008 年,郑州大学体育学院成立了中原武术文化研究中心。通过整合现有的中原武术文化研究机构,收集各种有利资源,推动中原武术理论研究向多学科的领域深层次的研究方向发展,加快了中原武术文化的发展速度。

二、突出文化重点,加大社会武术的发展力度

20 世纪 50 年代后,在竞技武术中,主要分为两种运动类型,一种是套路,一种是散打。21 世纪初,竞技武术成为世界竞技体育项目。在世界性赛事中取得优异的比赛成绩,成为全国各省的最终目标。人力、物力、财力是提高竞技武术比赛成绩的重要保障。为了增强中原地域武术文化的社会影响力,河南省要加快竞技武术的发展速度,保持优势。社会武术是竞技武术的重要人才来源,因此需提高群众习武热情。

三、夯实武术基础,加强学校武术的教育效果

目前,初等教育、中等教育、高等教育是我国学校教育的主要类型。中原武术蕴含丰富的民族文化和民族精神,学校体育课设立武术项目,可以培养学生的自尊和自信,激发学生的民族自豪感。中国武术是中国传统民族精神的重要载体,是中国民族精神的具体表现。武术的学习过程是学生培养民族精神的过程。

为了扩大武术人才储备,强化武术教育,加快武术发展速度,学校应将武术教育作为常规体育教育课程。在中小学阶段,学校应以培养武术基础、传授武术文化为主要教育内容,培养学生的武术素质和民族精神。在河南,开设民族传统体育课程的高校有 7 所,设置民族传统体育研究生院的高等院校有 4 所,设置民族传统体育博士院的高等院校有 1 所。武术人才的培养层次较为全面,研究较深入。

四、打造武术品牌,保护武术非物质文化遗产

在经济全球化的影响下,如今的社会结构和社会环境改变了民族非物质文化遗产的生存环境。保护非物质文化遗产是我国国家发展战略的重要内容之一。党的十六大明确提出,要保护非物质文化遗产,扶持文化遗产和优秀文化艺术的工作。《河南省建设文化强省规划纲要》中明确提出"要大力实施名牌提升战略"。深度挖掘中原武术文化内涵,统一利用中原武术文化资源,打造中原武术文化品牌,以增强中原武术文化的社会影响力,提升中原武术的市场竞争力,加快中原武术文化产业的发展速度。

在我国国家级非物质文化遗产名录中,共有 20 个武术拳种,其中河南武术拳种有 5 个。这 5 个拳种代表了中原武术文化,代表了中原武术品牌,代表了河南。中原武术文化中包含的地域特色、民族精神,丰富了我国武术文化的种类,保护了武术文化的多样性。区域文化的传承、武术文化的保护和创新得益于对武术文化遗产的保护和中原武术品牌的发展。大力扶持武术文化产业,保护非物质文化遗产,可以培养大众的民族精神,发扬民族文化传统,增强民族凝聚力,树立民族自信,弘扬爱国精神,加快社会主义精神文明的建设速度。

五、拓宽发展范围,开发武术新兴产业和新兴产品

社会经济的发展推动了新兴产业和新兴产品的发展。社会需求和市场需求决定了新兴产业的发展方向。社会生产力的进步和生产关系的革新,加快了新兴产业的发展速度。在当今社会,武术文化发展的必然趋势是行业间的融合发展。大力发展符合社会发展潮流的武术文化新兴产业,可以推动民族文化的传播,促进社会主义精神文明建设,增强大众身体素质,提高大众生活水平,调整现有产业结构,规范武术文化产业市场,提高武术资源利用率。区域性武术文化新兴产业的发展,可以加快所在区域的经济发展速度。发展中原武术文化新兴产业,要顺应市场经济的发展潮流,了解市场经济的发展趋势,改革武术文化产业发展模式,提高武术文化产业的经济效益和社会效益,使武术文化产业向社会化、产业化、市场化的模式发展。价格竞争、市场规律、供求导向是影响武术文化新兴产业发展的重要因素。武术文化新兴产业应主动利用社会资源,整合中原

武术文化资源,增强市场竞争力,优化中原武术文化资源配置,提高经济效益。完善的武术文化市场体系,可以加快河南武术文化产业的发展速度,调整武术文化产业结构,完善武术文化产业运行机制。为了保证武术文化产业的良性发展,相关的武术文化人才是必备因素。国家应大力培养一批全面掌握市场运行机制,精通市场营销策略,了解国家政策和法规,职业能力强的高素质武术文化人才。目前,以中原武术文化为发展内容的新兴产业逐渐出现,以河南为例,《禅宗少林·音乐大典》《风中少林》《少林雄风》《武林风》等节目,在河南政府和地方政府的大力支持下,均取得了较好的社会影响,社会民众反映强烈。

2005年11月,登封市制定《登封市武术产业发展规划》,该规划以打造功夫之都为发展目标,以少林文化、少林武术、武术器材为发展中心,开办武术学校,举行武术交流活动,开发武术产品,宣传武术理论,开展武术表演,宣传武术文化,推动武术文化产业发展,加快武术文化产业规模化、产业化、集团化发展进程。在河南,嵩山文化、少林文化资源丰厚,极具地方特色,充分挖掘武术文化价值,发展武术文化旅游业,有利于武术文化产业的发展。

六、加大政府扶持力度,建设武术文化设施和景观

在全国政协十届四次会议上,济南大学副校长张承芬提出《关于建立国家武术文化博物馆的建议》。2007年,我国第一个以中国武术历史和文化为主题的博物馆——上海体院中国武术博物馆开始运营,该博物馆以武术发展历史为主题,向社会公众展现中国武术的发展历程,展出大量中国武术的经典著作、武学精髓,培养社会公众的民族自豪感,向外界宣传中国武术的博大精深。目前,以武术文化为主题的博物馆还有南少林武术博物馆、佛山武术博物馆、峨眉山武术博物馆等。河南拥有丰富的武术资源,有少林拳和太极拳两项著名拳种,河南政府应主动建立武术文化博物馆,保护中原武术非物质文化遗产,维持武术文化的延续,增强武术的社会影响力,拓展武术文化的影响范围,促进武术文化产业的进一步发展。

中原武术博物馆是中原武术文化的传播载体。政府应加大扶持力度,为博物馆的建设提供必要的帮助,收集河南省内武术文化资源,扩充博物馆藏,为社会公众提供一个了解中原武术,学习中原武术的平台,推动不同地域之间的文化交流。中原武术博物馆的陈列物品、建筑形式、运作方式等,均可以借鉴已经投入运营的上海体院中国武术博物馆,融入地方文化,使博物馆具备明显的地域特色。郑州大学体育学院成立了中原武术文化研究中心,出版了《少林与太极》《中州体育》等书籍、刊物,设立了河南省太极拳运动队以及民族传统体育硕士点和博士点。

首届世界传统武术节由郑州市政府和登封市政府联合承办,投入了大量资金改造少林寺景区,建成了我国唯一一座国家性,集少林武术科研、展览、训练、表演、观摩、交流、休闲、健身等功能为一体的中国嵩山少林武术文化博览中心。焦作市政府和温县政府联合改造太极故里陈家沟,以太极拳为主题,实施《陈家沟旅游发展规划》,建设旅游专线、太极拳祖祠、东沟等景点。这些工程极大地加快了中原武术文化的发展速度,有利于中原武术文化产业的健康发展。

七、积极承办活动,加快区域经济发展速度

社会经济的快速发展,改变了武术文化的产业结构和发展方向。单一功能的武术产业逐渐被多元化的武术产业取代。武术文化产业已经渗透到经济、技术、旅游等领域,有利于社会文明的传承,保证社会经济的健康发展。1988年,中国武术协会成功举办国际武术节,河南省政府自此开始举办国际少林艺术节、郑州国家商贸洽谈会,至今为止已成功举办七届。2002年,河南省举办了大量武术活动,其中包括全国性武术活动和国际性武术活动,举办地主要集中在焦作和河南省会城市郑州。在第六届国际少林武术节上,郑州经贸会成功完成上亿成交额的订单,很多国家和企业代表均参与了此次国际少林武术节。在第七届国际少林武术节上,郑州签订了近百份国内外项目合作合同,成交额和出口额相比之前显著提高。在中国武术协会的影响下,国际少林武术节更名为世界传统武术节,提高了项目层次,扩大了影响范围,举办时间改为每两年一届。2004年10月,郑州举办了第一届世界传统武术节,吸引了多个国家近两千名运动员的参与。在登封迎宾式上,十万名少林弟子共同演绎了传统武术,提高了中原武术的国际影响力。2006年10月,郑州举办了第二届世界传统武术节,被称为武术界的奥林匹克运动会。在该次武术节中,有近百个参赛国家参与,包括两千余名来自世界各国的运动员和教练。武术经贸签约项目近20个,成交金额近百亿。2005年8月,焦作举办了中国焦作第三届国际太极拳交流大赛,吸引了很多国家和地区的运动员前来参加,其中最为盛大的项目有比赛开幕式和穿越太行山活动。中原武术庙会是社会群众参与的一项武术文化活动,该活动是中原武术文化发展的民间代表形式。

日渐深化的武术文化内涵改变了武术活动的举办宗旨,现在为"弘扬中华武术,扩大对外开放,促进经济发展"。武术活动逐渐成为主导武术文化发展的重要因素。地方政府可以将武术和经济相结合共同发展,促进国内外武术爱好者的友好交流,推动文化输出,加快区域经济发展速度。

八、促进文化交流,增强武术文化的影响力

武术文化的发展提高了武术价值的重要性,20 世纪 70 年代后,武术逐渐受到世界各国的关注。河南武术团频繁出国进行巡演,一些武术教练被国外聘请执教。进入我国学习武术,研究武术的国外学者和专家日益增多。21 世纪,河南武术代表团巡回演出千余场,在外执教的武术教练近四百人。2002 年一年内,河南武术代表团共进行了近四百场巡回演出,参与对外交流活动人数突破六千。到目前为止,河南省内共有七十多个武术表演团,其中大型表演团四个,中小型表演团六十多个。大型表演团包括郑州歌舞剧院《风中少林》演出团、中国嵩山《禅宗少林·音乐大典》实景演出团、河南少林塔沟武术学校武术艺术表演团、少林鹅坡武术表演团。其中,政府的支持和媒体的宣传是这些表演团体成功的关键因素。政府的支持为武术文化的发展提供了良好的生存环境,清除了发展过程中的障碍;媒体的宣传增强了武术文化的社会影响力,扩大了武术文化的影响范围。中央电视台、新华社、中国青年报、河南日报、河南电视台、大河报等多家媒体均大力宣传过中原武术文化。这些媒体助力了中原武术文化对外发展,其宣传活动塑造了中原武术的文化形象,提高了中原武术文化的国际知名度。

历史创造了文化,文化传承了历史。在中国武术中,中原武术占据了核心地位。中原武术文化的发展决定了中国武术的发展,关系着武术文化的价值和社会影响力。构建和谐社会是我国社会发展的主要目标。拥有丰富文化资源的众多省份正逐步向文化大省和文化强省迈进。各省市政府均加大了对武术文化的扶持力度,整合省内已有的武术文化资源,改革发展结构,以进一步创新文化内容和发展方式。中原武术文化博大精深,经历了上千年的发展和完善。河南省政府和省内各地方政府应主动顺应文化发展趋势,大力发展中原武术文化产业,保护中原武术非物质文化遗产,进一步增强中原武术文化的社会影响力,提高中国武术的国际地位。

第七章 荆楚武术文化

第一节 荆楚武术文化的
内容与发展历史

一、荆楚武术文化的内容

从古至今,荆楚地区的范围一直处于动态变化中。在先秦时期,荆楚地区是指汉水流域地区,即丹水和汉水之间的区域,位于现在我国的两湖地区。秦汉时期以后,唐朝五代前,华夏大地战争频繁,荆楚区域范围缩小。战国后期,荆楚区域位于江陵、安陆一代。长沙是荆楚区域的文化中心。在西汉时期,荆楚区域的中心转移至江陵、长沙。在东汉时期,襄阳、南阳成为荆楚区域的中心地带。当时的襄阳直接成为中国的学术文化中心。五代十国时期,在战乱的影响下,大量人口向南迁移,荆楚地区的中心转移至常德、长沙、武昌地区。从北宋到清代中期,荆楚文化进入分化期,湖南、湖北、安徽等地各自形成了具有地方特色的当地文化。湖南地区出现了湖湘文化,湖北地区出现了江汉文化,安徽地区出现了江淮文化,这三个地区的子文化系统共同对荆楚文化进行了传承,互相独立,又自成整体。

在神话传说中,"神农削石为兵""蚩尤作五兵"都是荆楚地区流传的上古传说。在荆楚地区历史遗迹中出土的兵器和盔甲都证明了荆楚武术是我国出现时间较早的地域武术之一。荆楚武术受外来文化的影响较深,荆楚地区曾接收过大量移民。文化和移民丰富了荆楚武术的种类,赋予了荆楚武术独特的武术体系。本地武术、客家武术、少数民族原生态武术是荆楚武术的三种主要类型。本地武术是指荆楚地区土生土长的武术。客家武术是指在外来文化和外来移民双重影响下诞生的武术。少数民族原生态武术是指荆楚地区的苗族、土家族等少数民族自创的武术。荆楚地区拳种众多,武术套路数不胜数,更有少见的气功套路。至今,荆楚武术中的部分拳种和套路已经消失在历史长河中。在流传下来的武术种类中,具有代表性的武术有武当武术、梅山武术、岳家拳等。

(一)武当武术

武当武术起源于荆楚武当山地区。武当武术结合了武术和道家思想,是当地武当教派和道派传人修习的武术类型,蕴含较为浓厚的武当特色和道教文化色彩。在中国武林中一向有"外家少林""内家武当"之说,武当武术发源于湖北武当山,其所处地理环境较为封闭,受外来文化影响较小,同时武当武术择徒谨严,武技传授秘密,导致武当武术流传不广。明代中期武当武术分为两支,一支流传于武当山,另一支流传于大别山,后由东传至江苏等地,武当武术支派分为松溪派、淮河派、龙门派、玄武派、神剑派等,其拳术有无极拳、武当太乙五行拳、猿猱伏地拳等,内功有洗髓金经等,武术器械主要有武当剑、太极剑、松溪棍、八仙剑、龙门十三枪、拂尘等。武当功法强调内功修炼,多采用导气、运气等强健筋骨,其拳术风格为以静制动,以柔克刚,以短胜长,以慢打快等,讲究"练手者三十五、练步者十八""三十五掌、七十二跌"等。太极、阴阳、无极、拳理、八卦等中国传统哲学思想是武当武术的主要武术思想。武当武术结合了老子和庄子的哲学思想,以道家养神思想为基础,注重强身健体、修身养性,其主要特点是每招每式都蕴含着养身之道。

(二)梅山武术

在和野兽战斗的过程中,梅山人和部分少数民族开发了独特的格斗技巧和战斗方法,这是少数民族原生态武术和梅山武术的雏形。在封闭的地域环境影响下,梅山武术和少数民族武术蕴含着浓厚的山寨体育文化。在神话传说中,黄帝和蚩尤在梅山地区激战,蚩尤剥林木为兵,九次挫败黄帝的攻势。蚩尤创造五兵和操练军队的方法是少数民族武术的起源。远古巫傩文化是土家族等少数民族武术的主要特色。

实战演练是少数民族积累器械格斗经验和徒手格斗经验的主要途径。在练习武术的过程中,部落居民将其他流派的武术融入少数民族武术中,逐渐创造出独具特色的少数民族武术。

(三)岳家拳

据传岳家拳的创始人是岳飞的子嗣。岳飞被奸臣陷害后,他的子嗣不再效忠于宋朝统治者。放弃兵权后,岳飞的儿子岳震等人在现在湖北黄梅地区重新开始生活。黄梅地区成为岳家拳的发源地。经岳飞子嗣和岳家拳传人的发扬光大,岳家拳曾流传至湖南东安地区。岳家拳包含了军事战争中的杀伐果断和民间武术中的顺其自然。《岳家拳谱》的主要内容是拳类武术,其余还记载了大刀、长枪、棍等兵器的使用套路。注重实战是岳家拳的主要特色,早期的岳家拳主要应用于战争,"容情莫动手,动手莫留情"是当时岳家拳的主要思想。岳家拳中的拳术讲究"只有上步,进则必胜"。之后,民间武术文化的融入改变了岳家拳的习武思想。强身健体逐渐取代了战争思想,成为岳家拳的主要思想。在岳家拳的百余年发展历史中,出现过很多练习岳家拳的武状元、武进士和武举人。湖北黄梅地区的居民成立了岳飞思想研究会,用以传播岳飞精忠报国的爱国思想,宣传岳家拳,保护岳家拳的传承。

二、荆楚武术文化的历史发展进程

(一)春秋战国时期的荆楚武术

春秋战国时期,楚国国力强盛,其青铜制造工艺高超,楚国长剑是春秋战国时期著名的兵器之一。在现代考古活动中,春秋战国时代的楚墓都会出土大量造型精良、锋锐难当的青铜剑。楚国丞相吴起是首位开创征兵制的丞相。在《吴子兵法》中,吴起提出了对楚国士兵的要求,建立武卒制度。征兵制的创建和实行,极大地增强了楚国的军事实力。楚王对青铜及铸剑师的管控,增强了楚国的兵器储备,以致于在当时,楚国的军事力量无人能敌。

(二)楚汉争霸时期的荆楚武术

秦朝末期,项羽在巨鹿以破釜沉舟之势战胜秦军,赢得巨鹿之战的胜利。"破釜沉舟"成为后世兵法中用于形容信念坚定的代名词。在《请出师讨贼疏》中,明代的史可法用"破釜沉舟"一词来表达讨贼信念的坚决。蒲松龄使用"破釜沉舟"激励自己奋发图强。这些都是"破釜沉舟"精神的跨时代传承。楚汉争霸时期,项羽在鸿门设宴邀请刘邦。在宴会中,项庄表演舞剑,意在刺杀刘邦。项庄可以在宴会中携带兵器,表演舞剑,说明楚汉时期已经出现了武术套路的演练。

(三)三国时期的荆楚武术

三国时期的著名战争都发生在荆楚地区,比如赤壁之战、长坂坡之战、关羽千里走单骑等。在《三国志》中首次出现"武艺"一词,用于形容刘封。战争推动了南北武术文化的交流。在我国战争史中,赤壁之战是典型的以少胜多、以弱克强的案例。之后,赤壁之战被各路文人骚客争相歌颂,其中包括苏东坡的"英雄无觅孙仲谋处"。在荆楚地区赤壁山崖上,还可以依稀看到当初赤壁之战庆功宴上,周瑜用剑刻下的赤壁二字。

(四)荆楚长剑对棍法的影响

楚国人擅长剑,有击剑的传统。荆楚地区是荆楚长剑的发源地。长剑赋予了楚国军事装备方面的优势,军备力量强于其他各国。长剑是楚国军事力量的象征。据《汉书·李陵传》记载,荆楚地区剑客众多,这说明荆楚地区的剑术发展时间较长。楚国长剑需双手使用,可砍、可劈、可挥,又被称为双手剑。楚国长剑的剑法没有用于表演的花架子,都是用于战争的拼杀技巧。对手的前臂和执剑的手是楚国长剑剑法中重点攻击的目标。在明朝,名将俞大猷以荆楚剑法为基础,创造了棍法,撰写了棍法理论作品《剑经》。荆楚剑法的刺剑法是《剑经》戳棍法的基础。

三、荆楚武术文化在近代革命中的发展

晚清时期,第一位献身中国近代革命事业的是出身于荆楚地区的谭嗣同。他的献身精神激励了当时无数的爱国人士。湖南巫家拳传人秋瑾,是中国近代革命初期献身革命事业的巾帼英雄。在近代革命过程中,孙武指挥了武昌起义,他认为革命人士必须具备尚武精神。领导辛亥革命的黄兴,发动老河口起义的李秀昂,参加辛亥革命的喻育之,都是出身荆楚地区的武术人士。他们凭借荆楚武术精神,投身于中国近代革命事业,挽救中华民族于危难,为新中国的成立作出了巨大贡献。

在中国近代革命运动中,很多民间的武术团体自发成立了各类自卫军,团结农民,成立协会,组织民间习武人士,使用冷兵器,参与革命活动。近代革命推动了中国武术的发展。在江汉地区,铁路工人使用木棒、铁器来抗衡使用洋枪大炮的敌人。在革命根据地,革命人士使用红缨枪等冷兵器,对抗持有近代热武器的敌人,将自己的生命奉献给革命。在湖北麻城县,参与"竹竿起义"的农民使用竹制武器,多次成功阻拦敌人的进攻,取得了战争的胜利。湖北、河南、山西、湖南等地的革命领导者都极为推崇武术精神。战士每天都需要进行武术训练,学习杀敌本领,以保证革命斗争的胜利。打拳、劈刀、刺枪等武术活动,都是近代革命时期革命战士练习武术的主要内容。

抗日战争时期,民间武术活动发展迅猛。湖南地区的居民自发组织各类抗日队伍和抗战服务队伍,为抗日战争作出贡献。长沙纸业的工人成立了大刀队,湖南省国术馆成立了女子大刀队。湖北省抗日国术队多次取得抗击日军的胜利。民间武术组织成为抗战时期一股不可忽视的力量。很多民间高手击溃了日

军,阻截了日军军需补给,切断了战争补给线,为中国抗日战争的胜利添砖加瓦。湖南地区的抗日部队配备了枪和大刀,和日军近战肉搏。这些抗战事迹,表明了中国武术的博大精深。由此可见,在抗日时期,湖北地区民间武术活动的主要特点是武术杀敌。

第二节　荆楚地区的民风武俗与荆楚武术的传承方式

一、荆楚地区的民风武俗

(一)楚人好武

在春秋战国时期,"六博"是楚人训练武士的主要方式。《史记》《隋书地理志》《荆楚岁时记》等多部历史典籍中,均记载了楚人好武的内容。这说明,楚人天性喜欢练武,尚武之风盛行,习武已经成为楚人生活中的组成部分。

在东汉时期,汉王朝迁移至荆州,强行转移了当地的居民。这次居民迁移将少数民族武术文化和关中地区武术文化传播至荆楚地区。三国时期,荆楚地区的所有成年男子都可以上战场当士兵,军事武艺发展速度较快,荆楚地区的武术文化开始和外来武术文化融合,文化之间逐渐开始交流和学习。

《晋书》中曾记载了颍川和襄城的一次相扑比赛,颍川人在比赛中胜出。在唐代,宇文士在湖北地区开办培养武术人才的武部。《角力记》和《荆楚岁时记》中都记载了荆楚地区的相扑活动。在宋代,为传授武学技巧,杨么创办了角抵社。

在近代,湖南地区各县志均记载明清时期县城会邀请拳师来访,以传授武术技巧。为了争夺水源、码头等生活资源,一些地区会聘请外地的武术高手传授武学技巧。武师之间的交流促进了荆楚武术文化和外来武术文化的融合。当时的军事制度采用世袭兵役制度,一人从军,后代均可以从军。世袭兵役制度造就了一批武术世家。新中国成立后,存在于民间的拳师和武师开始创办各类拳场、武馆,游走全国各地,传授武学技巧,传播武术文化。武汉国术委员会将武术活动开展至工人、农民、学生群体中,荆楚武术进入新的快速发展阶段。

(二)日常生活中的荆楚武术文化

荆楚武术文化已经渗透到当地的戏曲杂技中。湘剧、楚剧、汉剧等地方戏中都会加入打戏内容,比如拳术表演,戟、斧搏斗等。戏剧中的打戏均是虚拟格斗,戏剧演员需要具备深厚的武术功底,了解武术套路,掌握每一个武术动作的视觉效果。舞台武术的表演进一步推动了荆楚武术文化的传播,进而推动了武术文化的艺术化进程。在荆楚地区,代表性较强的杂技武术表演项目有绳鞭技、硬气功、武打对练等。代表性较强的硬气功表演项目有铡刀破腹、腹卧钢叉等。在苗族聚集区域,上刀梯是当地独有的武术表演项目,用于展示表演者的胆量和武术技巧。

打醮和跳傩是荆楚地区独有的民俗活动,其中含有大量武术元素。在打醮过程中,道士使用剑,分别表演劈砍、直点、刺剑等武术动作,蕴含一定的杀伐气息,祈求剑可以杀死恶魔,为人们带来福运,消除灾难。打醮结合了武术的特色和道教的思想,是武术和宗教融合的产物。在跳傩过程中,表演者持戈持盾,进行武术对练,表演武术格斗技巧。武术和傩舞均起源于生产劳动。二者互相补充,互相影响。生产劳动促生了武术,武术完善了傩舞,人们通过傩舞祈福,保佑来年可以再次投入生产劳动中。湖北、湖南等地的土家族武术主要以巫傩文化为主要内容,具有强烈的武术文化特征。在历史典籍中,不少历史学家均记载了荆楚地区喜好武术的文化,武术是荆楚地区武俗民风的重要组成部分。

二、荆楚武术的传承方式

国家的政策导向是中华武术传承不息的基础。1979 年,国家体委颁布《关于挖掘整理武术遗产的通知》。国家和地方政府花费大量资源,组织人员,配备设施,在全国范围内寻找武术文化遗产,保护没有失传的武术文化。在这次保护活动中,很多濒临失传的武术文化得以保存,继续发展。2005 年,国务院颁布《关于加强我国非物质文化遗产保护工作的意见》。该意见将中华武术文化划分至国家非物质文化遗产的层次,加大对武术文化的保护力度,为武术文化的发展营造良好的环境。在荆楚地区,为了保护荆楚武术文化的传承,地方政府开办了一系列以武术为主题的比赛。荆楚地区包含我国大量武术拳种非物质文化遗产。在政府颁布的非物质文化遗产政策的保护下,荆楚武术文化重新进入发展阶段。纵观荆楚武术文化的历史发展进程,我们可以将荆楚武术文化的传承方式总结为三种,即师徒传承、学校传承、社会组织传承。

(一)师徒传承

武术传承的基本方式是师徒传承。师徒传承是中华武术文化的核心传承方式,其主要表现形式是,民间的拳师、习武之人,在民间收徒,传授武艺。传统的拳种传承方式是师父言传身教,口传心授,将武术技巧传授给徒弟,指导徒弟正确掌握武学技巧,完成拳种的延续。在文化领域,楚人尚武是公认的荆楚地区文化特征。师徒习武的现象在荆楚地区比较普遍。

生产关系取决于生产力的强弱。上层建筑取决于经济基础。生产力和经济基础受到生产关系和上层建筑的影响。这是贯穿人类社会发展历程的对立统一矛盾,是人类社会持续发展的根本动力。生产力决定了社会发展的动力。从古至今,华夏大地多水多山,山水对交通的阻隔阻碍了武术文化的传播。落后的生产力降低了社会经济的发展速度,人们的经济实力较弱,没有多余的资产用于提升生活质量。各地的拳师和武士仅在当地活动,收徒传艺,难以将武术文化向外传播。传统的武术教授方式是言传身教。这种传承方式效率较低,师父必须耗费大量时间教导徒弟,才能保证徒弟真正领悟所学拳种的精髓。在中国传统思想的影响下,师徒传承成为中华武术的基本传承方式,一直持续到现在。荆楚地区存在多种拳种,每个拳种都包含相应的器械格斗技巧和武术套路,民间拳师的师徒传承为荆楚武术的延续提供了重要保障。

在现代武学领域,传统的师徒传承方式已经深植习武之人的思想观念中。现代中国社会的生产力水平和经济基础已经远远高于古代的中国社会。传统的师徒传承方式已经无法满足现代社会生产力水平的要求。为了适应新的社会形势,传统的师徒传承方式必须再次创新,以提高武术文化的传承效率。

(二)学校传承

学校传承是中华武术文化的重要传承方式。在古代,中国教育包含礼、乐、射、御、书、数六项主要内容。中华武术教育一直是学校的主要教育内容之一。辛亥革命后,全国各地学校都相继创办武术科目,邀请或聘请武术教练教导学生学习武术。武术成为国内学校体育课程的教学内容之一。湖南、湖北一直是中国教育实力较强的省份。荆楚高校教育内容都会包含武术教育。湖南、湖北两省的大专、本科院校都会开设体育系,设置武术课程,以完成武术文化在学校中的传承。湖南大学、湖南师范大学、华中师范大学等多所高校每年都会招收武术专业运动员,并为国家培养和输送大批优秀武术专业人才。湖北省教育厅将武汉体育学院武术学院的武术学科,列为高等院校重点学科。2004年,武汉武术学院的武术学科被授予"精品课程"的荣誉。武汉体育学院拥有强大的武术师资力量,教学水平全国领先,很多地方拳师和武术教师与武汉体育学院建立了合作关系。现代武术的核心是竞技。学校武术教育注重基础和技巧,竞技性较差,无法挖掘武术的竞技价值,在武术文化的所有传承方式中,学校传承属于补充性传承。

(三)社会组织传承

按照组织性质,社会组织传承可以分为官方组织传承和民间组织传承。官方和民间取决于武术社团组织的社会性质。在我国五千年的发展历史中,出现过各种各样的武术社团组织。在宋朝,武术社团组织开始兴起。官方的武术社团组织称为武学。民间武术社团组织的称谓多种多样,比如"瓦舍""镖局""英略社"等。进入近代,连年战乱破坏了中国社会的稳定。政府将武术更名为国术,在全国范围内大力宣传国术的作用和效果。近代的中国出现了大量层次不同的国术馆、武术院等武术社团组织。荆楚地区的民间武术社团众多。改革开放后,国内的民间武术馆发展速度较快。湖北丹江口市武当武术学校被誉为全国群众体育先进单位。武术社团组织的发展推动了中华武术文化的发展。近几年,国家开始倡导全民健身活动,全国各地出现了一些从事健身、娱乐性质武术训练的武术协会和武术俱乐部。中华武术再次迎来新的发展时期,多样的传承方式保存了中华武术的潜力,延续了中华武术的生命力。

第三节　荆楚武术文化传承的途径

一、开展少儿习武,培养习武兴趣

少年儿童是未来国家的有生力量,是我国建设文化强国的重要力量储备。武术是我国的文化国粹,少年儿童练习武术是对国粹最好的传承。为确保中华武术的繁荣发展,必须培养少年儿童对武术的兴趣,扩大少年儿童习武群体,将武术融入少年儿童的生活中。

在非物质文化遗产保护过程中,少年儿童的参与是至关重要的。少年儿童是国家的未来人才储备。目前,荆楚地区各拳种的主要练习人群是中老年人,青少年和儿童的参与人数极少。当今社会生活节奏快,就业压力大,中青年常年奔波于工作和生活之间,没有多余的时间学习武术。荆楚地域武术文化在中华武术传承中出现严重的断层现象。

为了让更多的少年儿童参与武术学习,必须培养少年儿童对武术的兴趣。武术教学应以少年儿童的兴趣为基础,改变教学内容,创新教学方式,简化烦琐的武学技巧和习武姿势,降低学习难度。中华民族具有丰富的武术文化资源。这些文化资源可以激发少年儿童对武术的兴趣。在武术教学过程中,教育者可以将这些武术文化故事融入教学内容中,寓教于乐,为少年儿童展现中华武术文化的独特魅力,激发少年儿童的学习兴趣。

二、弘扬武学精神,融入日常生活

目前,传统武术发展形势不容乐观,习武之人必须摒弃传统武术观念的束缚,以传承武术为最终目的,扩大武术的传播范围,增强武术的社会影响力。习武之人应打破门户观念,放弃宗派思想,每个人都可以平等地学习各家武术。武学传授应遵循自愿的原则,学习者自愿学习武术,传授者自愿教导武术。全国各地的高校应将武术纳入教学内容中。学校可以成为中华武术新的传播基地。杨氏洪门拳之所以能够在武汉市蔡甸区重新焕发生机,正是因为方启雄老师等传承人破除了门户、宗派观念,以发扬中华武术精神为目标,将洪门拳法广泛地传播开来,并成为当代传统武术传播的榜样。武汉体育学院是一所极具特色的体育学院。武术是该学院体育课程的重要教学内容。每年,武汉体育学院都会为国家输送大量优秀的武术人才。校内学生坚持每天晨练,学校免费为前来学拳的学习者提供教学服务。在经济条件允许的前提下,拳种的传承人可以将武术教育向社会公开,向每一位愿意学习武术的学习者提供教学服务,扩大传统武术的传播范围,推动地方传统武术的发展。传承人要以身作则,首先抛弃传统武术传授观念,突破传统门户之见的限制,自愿教学,开发武术的健身功能,传播武术,满足人们的健身需求。当武术成为人们日常生活中的一部分后,传统武术的传承之路才能更加宽广。

三、明确部门责任,完善工作制度

在保护非物质文化遗产的过程中,地方政府和文化部门应加大对地方武术运动的支持力度,为地方武术提供制度保障,营造良好的发展环境,完善武术基础设施建设,投入更多的扶持资金,进一步推动地方拳种的发展。以蔡甸区杨氏洪门拳为例,每年杨氏洪门拳都会举办武术节活动,弘扬传统武术文化,增强武术影响力。至2015年,杨氏洪门拳已经成功举办了17届武术节活动。这些武术节活动的成功举办,为杨氏洪门拳营造了良好的发展环境。目前,我国非物质文化遗产的保护工作仍处于起步阶段,缺乏系统性的工作管理,工作制度不够完善。在地方武术文化的申遗过程中,当地政府部门提供的帮助有限,仅局限于资金支持和空间设施支持。政府组织部门的扶持力度不足,对武术文化的可持续性发展规化不足。为了更好地保护我国武术非物质文化遗产,首先,政府组织部门应明确管理流程,把握保护工作的原则和内容,制订周密的工作计划,并将计划付诸行动。全国各地区负责保护地方武术文化的工作人员不足,缺乏团队力量。现有的工作人员难以承担繁重的工作负担。地方拳种传承人自发开办的武术教学活动,会加重传承人的资金负担。政府对传承人的资金支持不足,会削弱传承人保护武术传承的动力。文化部门应对地方武术的传承人提供更多的物质支持,加大资金投入,激发传承人的工作积极性,推动地方武术健康发展。

四、建设基础设施,开展武学表演

非物质文化遗产的保护,是一项长期、持久、具有一定商业性质的工作。对于非物质文化遗产的发展,基础设施的建设是至关重要的。以我国江苏省为例,江苏省地方政府要求省内每个市、县都必须建立综合性非物质文化遗产场馆。具有省级以上非物质文化遗产项目的地方要建立专题馆。每个文化馆和博物馆都要具备相应的展示馆,用于展示地方特有的非物质文化遗产。江苏省将非物质文化遗产保护工作纳入了省份工作规划和工作报告中。非物质物化遗产保护属于江苏省公共文化服务体系、文化示范区建设、生态文明建设等各类工作的重要组成部分。地方政府鼓励当地的武术传承人登台表演,向观众展示地方武术,传播武术文化,扩大武术传播范围。我国各省份都应主动建设非物质文化遗产基础设施,将非物质文化遗产的保护工作,作为评估地方经济、社会、文化发展的重要指标。荆楚武术文化是荆楚地域文化中代表性较强的文化内容。为了建设文化强国,地方政府管理部门应关注荆楚武术的传承困境,解决阻碍荆楚武术传承的问题,加大对传承人的物资支持和资金支持。地方政府管理部门应为荆楚武术提供展现的平台,为荆楚武术的发展奠定基础。传承人和地方政府需要共同努力,推动荆楚武术文化的传播和发展。

五、改革教育政策,武术进入校园

2015年,国家教育部将足球、武术、田径、游泳、篮球、排球、体操划分至国家重点扶持的体育项目中。这说明国家已经开始关注传统武术文化和民族传统体育文化。武术走进校园可以拓宽武术文化的传播渠道。学校是发展各项文化的关键场所,汇聚了大量现代知识分子。在学校中,参与武术练习的学生人数决定了武术在校园中的发展状况,进而决定了武术文化的社会影响力。学生是武术文化发展新的动力。在我国,武术成为学校教学项目的时间较早,但全国各个地区对武术教学的开展千差万别。在监督力度薄弱的地区,可以担任武术教师的人员储备不足,武术教学局限于书面形式,没有动作演练,也没有实践课程。

荆楚地区的高等院校开办武术课程的时间较早。很多综合性院校相继开设了武术专业和武系,用于传授专业武术课程和选修武术课程。荆楚地域武术教育的引领者是武汉体育学院的武术学院。竞技武术是高等学校武术教育的主要内容,民间武术难以进入学校教育课程。2015 年,武汉体育学院首次引入荆楚民间拳种——岳家拳,为民间武术提供传播平台,宣扬民间拳种文化,保护民间武术传承。这次民间武术的成功引入说明,民间武术可以和高校达成合作共享,民间武术丰富了高校的武术教学内容,高校为民间武术提供了全新的传播平台,创新了武术传播方式。

六、打造武术精品,树立文化品牌

自然环境和人文环境均具有鲜明的地方特色。对于不同的地域,自然环境不同,人文环境也不同。河南嵩山的少林寺出现了少林武术。武当山出现了武当武术。这些武术成为地方武术文化的代表内容。经过合理开发后,地方武术文化可以成为地方经济新的增长点。文化是一座城市的灵魂。城市没有地方文化,如同人失去了灵魂。荆楚地区地方政府应改善荆楚武术文化的发展环境,以荆楚武术为核心,打造地方品牌文化,增强荆楚武术文化的社会影响力,扩大传播范围,使全国各地的游客都可以感受荆楚武术文化的独特魅力。

荆楚武术文化包含很多民间拳种,但全面发展所有拳种,会降低文化精品的打造速度,延缓区域品牌的树立,消耗大量资金和人力是不可取的。地方政府管理部门应在所有民间拳种中选取学习难度较低,易于推广的民间拳种,鼓励人们了解和学习,逐批次打造地方武术文化精品。传承者应保证学习者学习武术后,可以获得清晰可见的成效,保证学习者有所收获。地方政府可以组织各类武术比赛,设置不同层次的奖励,引导当地和其他地区的武术练习者参与比赛,推动不同区域之间的武术文化交流。

第八章 吴越武术文化

第一节 吴越武术文化概述

一、吴越地区的民俗武风

好剑是吴越地区的主要民风特征。根据历史记载,吴越地区出产品质精良的宝剑,可以切断牛马和金属,剑锋锋利,闻名天下。铸造材料和制造工艺是决定吴越宝剑品质的重要因素。宝剑象征着力量,是吴越地区尚武之风的主要表现形式。历代统治者和当地居民都喜爱修习武术,好剑练剑。春秋战国时期,越君身死,吴王率领将士亲自讨伐吴国。越王勾践派遣死士三次挑战吴国,偷袭吴国军队,在携李之战中击败了吴国。为了帮助吴王清除异己,要离将庆忌杀死,之后砍断了自己的双手和双脚,卧剑而死。伍子胥在朝廷直言不讳,被夫差赐死。吴国亡国后,夫差自刎而死。吴越地区居民的思想埋藏着顽固不屈的野性,崇尚武术。

古代的吴国和越国地处现如今的江苏、上海、浙江一带,浙江自古以来又是富饶之地,其地理位置独特,文化底蕴深厚,一直都是中国社会发展的前沿。上海精武体育会等民间武术组织,对于吴越地区民间武术的发展起到了决定性的推动作用。同时,这些民间武术组织还改良了传统竞赛模式,使得武术进一步大众化。更关键的是,吴越地区关于武术理论的研究较深入,大量的武术典籍都出自吴越地区,武术界的学术风气非常浓厚,为吴越地区民间武术的发展提供了重要的理论支撑,同时也体现了吴越武术文化的包容性和敢为人先的勇气。

吴越地区的尚武之风持续了战国、秦汉、三国、南北晋等时期。秦朝末年,项羽率军北上,抗击秦国。项羽麾下的将士英勇异常,可以以一当十,项羽的军队战无不胜,一路高歌猛进。西汉初期,汉高祖刘邦"患吴、会稽轻悍",分封其侄刘濞为吴王,坐镇南方。刘濞自恃吴越尚武好勇之风气和封国内的资源,自立"东帝"，联合楚、赵等国发动了"吴楚七国之乱"。三国时期，孙权在江南建立吴国，凭借吴越地区的士兵，和魏国、蜀国形成三足鼎立之势，在各种大小战役中均取得胜利。这充分说明了吴越地区的人民武艺高强，性格好战。

东晋以后，吴越地区的民俗武风逐渐发生转变。经历南朝、隋朝、唐朝、宋朝等朝代的大规模移民活动之后，吴越地区的民俗武风逐渐趋向崇文。

第一次大规模移民发生于公元307年。西晋末年，我国北方战乱频发，北方大地民不聊生，生灵涂炭。为了躲避战乱，北方大量居民开始向南方迁移。第一次迁移活动持续了百年之久，大量北方人口来到长江下游的吴越地区。迁移人口中有很多来自中原地区的文人和贵族，接受了高水平文化教育，将北方崇文的民俗和先进的生产技术一并带到了吴越地区，改变了吴越地区的民俗武风。在北方移民的影响下，吴越地区的人们失去了先民的尚武之风，好战的思想观念逐渐淡化。

唐朝安史之乱爆发后，北方地区陷入长期战乱，战乱持续了八年，严重破坏了中原地区居民的生活环境。为了躲避战乱，大量北方人口迁移至不受战乱影响的长江流域，为吴越地区带去了各种文化及技艺，促进了吴越地域人们的文化交融，丰富了武术技艺内容。

第三次大规模移民发生于公元1126年。北宋靖康时期，金兵大举入侵宋朝。1127年，北宋灭亡。康王建立南宋，定都临安。为了重新开始正常的生活，大量北方居民响应统治者号召，开始向南方迁移。这次迁移活动持续了一百五十多年。

宋朝之后，尚武的吴越民风已经完全消失。《苏州府志》曾描述过当时的吴越民风："当赵宋时，俗益不变，有胡安定、范文正之遗风焉。及后礼仪渐摩，而前辈名德，以身率先，又皆以文章振动。今后生文词，动师古昔，而不梏于专经之陋。矜名节，重清议，下至布衣韦带之士，节能璃章染墨，其格甚美。"《松江府志》提到："文物衣冠，蔚为东南之望，……故士奢于学，民兴于仁，儒官翼翼，不异邹鲁。"明清时期，"而人尚文，君子尚礼""大夫渊薮，郊无旷土"。说明当时吴越地域多盛行文风。

二、吴越之剑的发展和变迁

（一）吴越之剑的发展历程

商朝时期，中原文化对长江下游的青铜器制造业影响较大。商朝中期，中原地区的青铜铸造技术传入吴越地区。西周之后，长江下游地区的青铜器制造业逐渐脱离中原文化影响,形成了独特的地域性制造系统。吴国和越国接壤面积较大,很多民俗和思想观念相同。当吴国开始发展青铜器铸造技术时,越国也开始发展青铜器制造产业,吴国和越国的青铜器发展水平保持一致。

西周早期,吴越地域的青铜器铸造技术进入早期发展阶段。吴越地区出产的青铜剑造型原始、技术落后、形态各异,没有固定的制造规格。早期的吴越之剑风格质朴、简洁,剑身没有棱角,剑脊平整,剑成为卫士随身携带的短兵器。

西周晚期、春秋战国初期,吴越地域的青铜器制造技术逐渐形成地域性风格和特色,从早期发展阶段过渡至成熟阶段。成熟阶段的吴越之剑造型规范、规格统一,增加了剑身的抗震功能,设置了剑脊。剑身前部开始铸成凹弧线形,前窄后宽,剑格呈一字窄格或宽格,剑茎扁圆式,剑首统一为圆盘形。春秋战国中期,吴越地区的青铜制造业和青铜剑制造业进入巅峰时期,剑的铸造技术、镶嵌技术和剑的装饰水平,都处于全国顶尖水平。

从西周早期的短剑到春秋晚期的吴越宝剑,从仿制中原商周形制到独具地方风格特色的成熟剑制,吴越两国的青铜器铸造技术共发展了七百多年。为了改进剑型,吴越地区的无数匠人不断努力,改良技术,精简规格,使吴越之剑成为闻名天下的神兵利器。吴越地区的青铜剑凝聚了当地人民的智慧和劳动,表现出吴越人民的开拓创新精神,凸显了吴越人民的理性务实。

吴越地区文化和中原地区文化相差较大。早期的吴越地区推行"断发文身",中原地区推行"服文采,带利剑"。吴越地区的剑用于战争,中原地区的剑象征身份和地位。吴越地区看重实战,中原地区看重礼节。从青铜器的发展方向来看,中原地区的青铜礼器多,生产技术先进;吴越地区的青铜兵器多,生产技术全国领先。吴越之剑闻名全国的基础是吴越先民求真务实、不事浮华的稳重性格。

(二)战争推动吴越之剑发展

祭祀和军事是国家的生存基础。军事是国家的大事,决定了国家的存亡和人民的生死,任何一位君王都不能忽略国家军事的发展。加强军备和军事训练可以满足国家任何性质的战争需求,包括进攻性战争和防御性战争。军事训练效果决定了士兵的战斗力,军备是否精良决定了战争的结果好坏。

西周时期,国家战争的主要方式是车战。两军对垒,互相使用弓箭、弩箭等远程兵器进行初次交锋,这对士兵的步射技术要求较高。对垒阶段结束后,两军的战车相遇,进入车战阶段。驾驶人的控马技术和驾车技术,决定了战车的机动性和战斗力。在古代的六艺教育中,射艺和御艺均是为车战服务的。车战的特点决定了两军使用的兵器多是枪、矛、戈等长攻击范围的长柄兵器。早期的吴越之剑长度短、形态小,无法成为战争兵器。当时的青铜剑是象征王权和身份的工具。

吴越地区河流密布,森林山地多,平原地区少,不具备车战条件。吴越地区的战争是步兵的战斗和水兵的战斗。遇到山川河流时,所有士兵登船水战;没有河流时,所有士兵弃船登陆,转为步战。近身格斗是吴越地区步兵战斗的主要方式。中原用于装饰和象征的短剑,成为吴越地区士兵的主要战争兵器。

为了强化国家军事力量,吴越两国花费了大量资源发展青铜铸造业和兵器制造业。吴王在吴国都城设立了匠门,用于集中全国地区的能工巧匠,给予他们优厚的待遇。名剑干将莫邪均出自匠门。根据史料记载,吴越两国为大型冶炼炉配备了300多名工人,用于燃料供给和运输。当中原地区的战场主流还是车战时,吴越地区的青铜剑铸造技术已经全国闻名。

春秋战国时期,周朝对全国的统治力度逐渐减弱,各个诸侯国频繁开战。平原地区、河流地区、山地、丘陵、森林都成了诸侯国的战场。车战对战争场地的要求高,难以适用于所有战场。由于车战的局限性,行动自由、适用性较高的步战成为战争主流。

步战的兴起为吴越两国提供了展示青铜兵器的舞台。装备精良的吴越军队开疆扩土,南征北战,所向披靡,成功掌握了东南地区的控制权。之后,吴越两国开始向西部地区和北部地区扩张,逐渐发展成为春秋战国时期的大国。吴越之剑的铸造技术发展至巅峰的原因是战争方式改变、综合国力强盛。骑兵成为新的战场主流,攻击方式由刺击转换为砍杀。用于刺击的青铜剑再次被战争淘汰。古代的青铜剑同时具备战争作用和文化作用,被很多文人墨客写入诗词、融入绘画。剑是一种兵器,更是一种象征。

(三)吴越之剑的特点

"押而藏之,不敢用也,宝之至也"的吴越之剑历来被称赞不已。《战国策·赵策》记载:"夫吴干之剑,肉试则断牛马,金试则截盘";相剑名家薛烛赞道:"观其抓,烂如列星之行;观其光,浑浑如水之溢于塘;观其断,岩岩如琐石;观其才,焕焕如冰释"。这些名家评论都说明吴越之剑的品质精良,工艺先进。1965年,我国考古学家在原楚国属地湖北江陵楚墓出土了铸有铭文"越王勾践自作用剑"的青铜剑。出土时,整柄青铜剑完好无损,剑锋锐利,通体光亮,可轻易剡切成叠铜钱和纸张。在浙江长兴发现的30多件铜剑中,大部分青铜剑形制规整、制作精巧。吴越之剑中的菱形纹饰、剑首同心圆、青铜复合剑被中外考古界和科技史界称为"吴越青铜兵器技术三绝",成为古代科技之谜。20 世纪初,我国成功复原了这些古代的吴越青铜剑。在考古学、民族学、文化史、兵器史、科技史、工艺美术史等多门历史学科中,吴越之剑都占据了较为重要的历史地位。

关于吴越之剑的制作工艺及其性能,先秦典籍《荀子·强国》中写道:"刑范正,金锡美,工冶巧,火齐得,剖刑而莫邪已。然而不剥脱,不砥厉,则不可以断绳。剥脱之,石氏厉之,则劙盘盂,刎牛马,忽然耳。"意即决定剑之质地、性能的五大要素是:剑的模型和铸范必须规矩严正;所有铜料必须质地纯净,如同《越绝书》描写:"宝剑者,金锡和铜而不离";铸剑匠师和督造工师必须具备高端的制造技术和巧妙的设计思想;合金配置和熔铸的火候必须合适,不能有丝毫差错。火候太过,剑的强度不足,火候不足,剑的杂质无法完全清除;铸剑师必须将剑身的生涩毛刺完全去除,打磨剑身至光滑。所有工作全部结束后,铸剑师才能成功铸造出一把可以切割铜器、宰杀牛马的利剑。《考工记》记载:"吴粤之剑,迁乎其地而弗能为良,地气然也。"这说明吴越地区的铸造工艺是全国独有的,具有明显的地域特色和文化传统,铸造技术位于全国前列。《淮南子》曾称赞过吴越之剑的精良和锋利,书中写道:"夫宋画吴冶,刻刑镂法,乱修曲出,其为微妙,尧、舜之圣不能及。"

三、吴越地区的剑文化

(一)剑的王权象征

名剑不多见,君王只一人,名剑理所当然归君王所有。李君元《天子剑赋》所言:"天生神物,圣君用之",一语道破名剑之归属乃是君主统治天下之天意使然,意即君权神授。名剑便以其与帝王、与江山社稷的特殊关系,经常扮演着替冥冥上苍预言君王归属、王朝兴亡的角色。

春秋战国时期,宝剑意味着天意和民心。谁拥有了宝剑,就顺应了天意,拥有了民心。由于抢夺宝剑,各个诸侯国经常发动战争。《吴越春秋·阖闾内传》记载:"越献吴王阖闾三把宝剑的湛卢之剑因恶阖闾之无道,乃去之如水,行秦过楚,楚王卧而寐,得之。但不知其故,召风湖子以问,风湖子道:'今吴王无道,杀君谋楚,故湛卢入楚。'楚昭王遂宝之至也。秦王闻讯,要求楚王交出,楚王不允。秦王乃兴师攻楚,楚王宁可兵戎相见,也决不交剑。"相传秦始皇东巡至虎丘剑池,急欲得到吴王阖闾剑,但因有虎当坟而踞,以剑击之不及,误中旁石,其虎西走 25 里(1 里=500 米),剑亦无获。越王勾践和三国东吴孙权,也曾为求珍奇,均派人掘过此墓,但没有任何收获。

(二)剑的精神象征

每个民族都有英雄,英雄的性格代表了民族的性格。吴越先民的爱剑、轻死、尚武、坚强、拼搏等精神融合在一起,形成了早期吴越人民的民俗武风。在吴越人民的时代传承中,吴越先民的民俗武风成为吴越地区的文化,成为吴越地区居民的心理追求。当面对民族大义和生死存亡时,吴越地区的人们不会逃避灾难,更不会苟活于人世。吴越之剑承载了吴越地区人民的追求、理想、目标、人格。从古至今,任何出身于吴越地区的文人墨客,都将剑视作自己的精神寄托。

四、吴越地区的兵法文化

(一)孙武和《孙子兵法》

《孙子兵法》是中国出现时间最早的兵学专著。由于深邃辩证的军事思想、博大缜密的理论体系,《孙子兵法》在国内外被誉为"兵学圣典""百世兵家之师""世界古代第一兵书"。《武术学概论》认为,"根植于传统文化土壤中的中华武术,其技击战略战术思想直接渊源于《孙子兵法》,孙子哲学成为武术思想的重要基础。"拳谚有"拳兵同源""自古拳势通兵法,不识兵书莫练拳"之说。

《孙子兵法》在吴越古战场上得以付诸实践,后又成为武术技击思想的重要基础,是吴越武术文化的一部分。孙武,字长卿,春秋后期齐国人,生卒年月已无可考证,约与孔丘同时期,活动于吴王阖闾和吴王夫差前期。孙武的青少年时代是在齐国度过的。成年后,齐国发生了一场"田、鲍四族谋为乱"的重大风波,迫使孙武避乱奔吴,隐于吴都郊外,结识了从楚国避难而来的伍子青,以待良机一展抱负。

公元前512年,经伍子青引荐,孙武进见吴王,并把自己写的兵法呈给吴王。为考校孙武的这些兵法,阖闾曰:"子之十三篇,吾今观之,可以小试勒兵乎?"孙武表示同意。于是,就有了历史上有名的"吴宫教战"。后人遂夸赞孙武,"理国无难似理兵,兵家法令贵遵行,行刑不避君王宠,一笑随刀八阵成。"孙武被吴王任命为将军,辅佐吴王,"西破强楚,南服越人,北威齐晋",战功赫赫。经过数十年战争实践的考验,孙武在晚年对战争的实质和规律有了更全面、更准确的把握,修订和补充了早年撰写的兵法,使其内容更加完备、系统和精辟,给后人留下了宝贵的兵学之典《孙子兵法》。

(二)《孙子兵法》和吴越文化

吴如嵩曾说过:"《孙子兵法》的文化属性必须从思想文化上寻求答案,从孙武所处的国家、家庭出身、个人所学及《孙子兵法》的内容分析,它是齐文化与吴文化的结晶,源于齐文化又高于齐文化,植根于吴文化又高于吴文化。这样的著作,不是深受齐、吴文化熏陶的人是写不出来的。它在思想文化上的齐、吴文化属性深深地铭刻字里行间。"徐同林曾说过:"《孙子兵法》之所以如此伟大辉煌,是因为它是包括吴文化在内华夏诸文化的结晶。如果说它植根于中原,萌芽于齐国,那它开花结果都是在吴国。"

(1)《孙子兵法》与吴越文化的关系反映在对水战之论述上。《孙子兵法》多次论述南方的作战方法,"凡处军相敌:绝水必远水,客绝水而来,勿迎之于水内,令半济而击之,利;欲战者,无附于水而迎客;视生处高,无迎水流,此处水上之军也。绝斥泽,惟函去无留;若交军于斥泽之中,必依水草而背众树,此处斥泽之军也。"吴楚、吴越作战,大多以水战为主。孙武本人亲身经历过大部分吴越的水战。丰富的军事实践经验为孙武精辟地阐述水域行军作战原则提供了实践基础。

(2)《孙子兵法》与吴越文化的关系反映在受吴王之熏染上。吴王与孙武的对话具体内容共 11 条,杜佑撰写的《通典》记载了这些内容。吴王"召孙子问以兵法,每陈一篇,王不知口之称善,其意大悦。"吴王与孙子经常问答切磋,产生的影响是双向的。吴王受到孙子兵法的启发,孙武受到吴王的影响。他得到吴王重用,积极参与争战,又目睹吴国走向灭亡。这些对他军事思想的成熟、完善,对他的人生哲学的思考、抉择都发挥着举足轻重的作用。

(3)《孙子兵法》与吴越文化的关系反映在文辞如珠玉上。南朝文学理论批评家刘韶曾说过:"孙武兵经,辞如珠玉,岂以习武而不晓文也?"南宋黄震亦说:"若孙子之书,岂特兵家之祖,亦庶几乎立言之君子矣,诸子自荀、扬外,其余浮辞横议莫与比。"王昆绳评论说:"目春秋战国以迄于今,落落数千年,以文章兼兵法者,惟《左氏》,以兵法而兼文章者惟《孙子》。"在《〈孙子兵法〉的美学价值》中,范传新曾说过:"这部著作是他现实追求与浪漫气质相结合的产物,既有朴素、凝重,以理性精神为灵魂的北方文化的美,又充满了华丽、奇橘和浪漫精神的南国之美。""《孙子兵法》的语言艺术水平极高,在先秦诸子和后世同类著作中都属于较高层次的作品。"

(三)《孙子兵法》和武术思想

袭用和征引《孙子兵法》文字和句意用作拳理依据的现象非常普遍。王宗岳在《太极拳论》中提到"欲要引进落空,四两拨千斤,先要知己知彼;欲要知己知彼,先要舍己从人……平口走架,是知己功夫……打手是知人功夫……所谓知己知彼,百战百胜也"。在论形意拳技击时,郭云深强调进攻之前应"存心谨慎,要知己知彼"。在拳论中，郭云深指出奇正是相对而言："所用之虚实奇正，亦不可专有意用于奇正虚实。己手在彼手之上，用劲拉回，如落钩竿，谓之实。己手在彼手之下，亦用劲拉回，彼手挨不着我的手，谓之虚。奇正之理亦然，奇无不正，正无不奇；奇中有正，正中有奇；奇正之变，所用无穷。"戚继光《纪效新书·拳经捷要篇》提到："若以各家拳法兼而习之，正如常山蛇阵法，击首则尾应，击尾则首应，击其身而首尾相应，此谓上下周全，无有不胜。"

在《形意拳论说》中，宋世荣提出："有千万法者，是一气之流行也。应敌之时，当刚则刚，当柔则柔，起落进退变化，皆可因敌而用之也……兵法云：如常山蛇阵法，击首则尾应，击尾则首应，击其身而首尾皆应"。在《剑经》中，俞大猷曾说过："千言万语，不外乎'致人而不致于人'一句。"

《孙子兵法》认为要真正掌握主动权并非易事："微乎微乎，至于无形；神乎神乎，全十九声，故能为故之司命。"这句话的意思是为了控制敌人，命令敌人服从自己的命令，施令者必须达到非常微妙、非常神奇之境界。

太极拳理论把这种能掌握主动权称之为"懂劲"，即由着熟而渐悟懂劲，"懂劲"的境界精微，关键是"人不知我，我独知人。英雄所向无敌，盖皆由此而及也。"如果练习者将拳法练至"拳无拳，意无意，无意之中是真意"的无形无象无意而制人的境界，就能达到武术的最高境界。

在回答"立守一势，可应敌乎"问题时，程宗猷曾说过："兵贵神速，必才立一势，又立一势，复换一势，使彼应接不暇，则胜势在我。若徒恃一势，则人须悉其虚实，何能全胜乎？"这说明拳势技法要多样，富有变化，可以适应各种需要。程宗猷探究《孙子兵法》后得出结论：变化是适应不同攻守形势的唯一方法。

在对敌时，八卦掌通常"或指下而用之上，或指左而打右，或指此而打彼"。峨眉拳所谓的"骗法"是："这是一种攻其必救、击其空档，示退却进、声东击西的方法，在峨眉拳中是每发必有的。"在《中国武术文化概论》中，旷文楠指出"《孙子兵法》被全面地汲取是武术技击理论的指导思想，归纳起来，大致有以下8条：①'知己知彼，百战不殆'；②'先为不可胜，以待敌之可胜'；③'兵者，诡道也'；④'奇正之变，不可胜穷'；⑤'善战者，致人而不致于人'；⑥'兵因敌而制胜'；⑦'兵之情主速'；⑧'善用兵者，如常山之蛇'。"在《孙子诡道谋略在散打竞技中的运用》中，万怀玉针对《孙子兵法》的"兵者，诡道也"谋略运用进行了分析，他指出：散打诡道在方法上主要是运用"示形""任势"等手段欺骗调动对手，以达到"出其不意，攻其无备"的目的。"示形"的作用是欺骗对方、调动对方，以造成对手判断失误，使其做出错误的反应动作，失去主动地位。"任势"是竞技者在合理运用自己的体能、技术、力量和谋略的基础上,巧妙、灵活地利用或借用彼己双方的矛盾,逐步消减对方的实力地位,使自己一方的优势不断积蓄、增大,进而战胜对方。"利诱""激怒""使骄""使劳""避锐击惰"等都是常用的武术手法。

五、吴越民俗文化中的吴越武术

(一)瓦舍勾栏

13—19 世纪,南宋都城临安是当时全世界最大的都市,商业繁荣,娱乐业发达。临安汇聚了全国所有类型的文化活动和娱乐活动,是古代最早出现商业性娱乐活动的城市。临安的商业经济活动异常发达,很多活动内容包含了文化内容和娱乐内容。市场化运作是当时临安商业经济活动的主要运作模式。武术表演是临安娱乐活动的主要类型。

在临安瓦舍勾栏中,时常会有表演相扑的艺人。两位艺人比较力量,供围观者观赏,获得经济利益。打擂台是临安的商业化活动。一人摆出擂台,设置对应的报酬或彩头,吸引来往的路人参与打擂,吸引民间的武术高手,获取经济利润。商业化的运作模式吸引了大量武术艺人在瓦舍勾栏表演武术。

在瓦舍勾栏表演武术的艺人都掌握了娱乐性和技击性兼备的武术技巧,可以将武术、音乐、舞蹈等融合在一起,为观众表演形式多样的武术。砍刀蛮牌、硬鬼等都是武术和舞蹈结合的表演项目。蛮牌起源于北宋时期的汴京。南宋之后,蛮牌更名为砍刀蛮牌。《蛮牌令》是艺人表演蛮牌时的常用配乐。

(二)瓦舍勾栏兴起的原因

1.南宋都城的繁荣

1128 年,康王赵构定都杭州,更名临安府。宋朝和金朝签订了合约,进入长期对峙的局面。宋朝和金朝的军事冲突主要集中于边境地区,内陆和腹地一片祥和。南宋都城的经济和文化发展速度较快。东晋以后,吴越地区一直保持着稳定的经济发展状态。南宋迁都后,皇室的到来进一步推动了临安经济的发展。临安府成为当时的东南第一州,是全国最大的城市。南宋定都临安后,临安当地的人口数量剧增,很多北方的居民和达官显贵跟随皇室来到临安,推动了临安当地文化、经济等产业的发展。

人口剧增推动了临安地区商业活动的发展。自古以来,吴越地区的居民善于经商。重商思想一直是吴越地区人们的主流思想。南宋时期大规模移民后,北方的轻商思想进入吴越地区,被当地的重商思想同化。很多学者提倡,商业是人们生活的基础产业,农业和商业的地位是相同的。农业是商业发展的基础,商业为农业发展提供了动力。在重商思想的影响下,临安地区从事商业的居民明显增多。吴越地区人口众多,耕地稀少,人口和土地的矛盾一直存在,难以缓解。当时的统治者推行土地兼并政策,很多农民的土地被收归国家。持有耕地的农民难以从农业劳动中获取足够的利益,还要承担较重的赋税。政策环境和生活环境共同改变了吴越地区人们的生活习惯。从吴越地区进入临安经商的人口明显增多。临安地处钱塘江下游,坐拥大运河终点,是东部水路交通和南部水路交通的交汇处,水路运输极为发达。地理环境是推动临安商业经济活动发展繁荣的重要因素。

南宋后,奢靡享乐之风逐渐在吴越地区盛行。有钱人贪图吃喝玩乐,浮夸主义和享乐主义成为吴越地区社会思想的主流。临安汇聚了全国的政治、经济、文化等要素,奢靡享乐之风更盛。不论富人和穷人,都注重游山玩水,享受生活,喝酒谈天。

2.瓦舍勾栏的兴建

瓦舍勾栏起源于北宋时期的汴京,出现时间为 1023 年。北宋初期,临安地区尚未出现瓦舍勾栏。宋朝和金朝签订合约后,宋朝皇帝任命杨和王担任殿前指挥御史。宋朝的军队多出身于西北地区。为了满足士兵的娱乐需求,军队周围设置了很多瓦舍,为艺人提供表演场地,满足士兵的日常娱乐需求。南宋时期,北方大量居民向南方迁移,包括平民、军队、贵族和皇室。军队的转移,将瓦舍传统带到了临安地区。瓦舍勾栏在临安开始发展,成为临安地区全民参与的娱乐、交易、游玩的综合性场所。最初的瓦舍勾栏由瓦舍和勾栏两部分组成。瓦舍是茶楼、酒肆、杂货店等场所。勾栏则是艺人用于划分表演区域的栏杆或板壁。瓦舍逐渐演变为娱乐和消费性场所,勾栏演变为固定的表演场所。瓦舍勾栏成为一种为全民提供表演、艺术、买卖、交易的大型综合性娱乐场所。瓦舍勾栏的建立为武术表演提供了固定场所,为武术文化提供了传播平台。南宋时期的瓦舍勾栏汇聚了来自全国各地的习武之人。来自不同地区的习武之人可以在瓦舍勾栏交流地域性武术,进行武术切磋。在瓦舍勾栏的影响下,武术表演逐渐成为商业性娱乐活动。

3.市民文化的崛起

先秦时期,我国首次出现市民阶层。市代表聚集货物、买卖货物的市场。民代表居民、人民。市的含义逐渐演化为城市。市民表示居住在城市中的居民。

根据古代市民阶层的划分方式,市民可以分为三个层次:①上层市民,包括达官显贵、王侯将相、宦官富商等;②中层市民,包括商人、市头等生活富裕的城市居民；③下层市民，包括士兵、落魄文人、卖艺人、小商贩、破产农民等生活落魄、没有市民权的城市居民。下层市民人数最多，是市民的主要组成部分。任何层次的市民都拥有相应的文化娱乐需求。日益扩大的市民群体为市场带来了庞大的娱乐需求，推动了市民文化的发展。为了满足市民的娱乐需求，很多位于下层市民的农民开始习武，从事卖艺工作。武术表演逐渐在瓦舍勾栏中兴起。武术表演逐渐转为商业化运作模式。专门化、职业化、商业化成为武术表演的主要发展方向。市民的文化娱乐需求推动了武术表演行业的发展。商业化的武术表演活动改变了市民的消费意识和审美观。观看武术表演的观众成为当时评判武术水平的主要群体。

第二节　吴越武术的近代发展史

一、中央国术馆对吴越武术的影响

(一)中央国术馆的发展历程

1927年，冯玉祥、蔡元培等人发起了中央国术馆的成立申请。1928年，中央国术馆正式成立，张之江担任馆长。成立初期，中央国术馆设置了少林门、武当门两种拳种门派，武当门包括太极拳、八卦拳、形意拳，剩余拳种均划入少林门。初期的门派划分方式加剧了各大拳种的门户之见，少林门和武当门掌门人互相搏斗，分门制度的弊端逐渐暴露。为了缓解传统武术的门户之见，中央国术馆撤销了分门制度，推行分科制度。武术科由拳术科、器械科、摔跤科组成，三科归教务处管理。

中央国术馆成立后，在各个行政区设立国术馆的下属机构。中央国术馆管理地区的国术馆，地区政府领导相应地区的国术馆。国术馆组织系统初具雏形。1935年后，部分国术馆被纳入民众教育范围。抗日战争爆发后，很多国术馆相继停办。1940年，中央国术馆由南京搬迁至重庆。国民政府中断了对中央国术馆的资金供给，大量国术馆的工作人员离开国术馆自谋生路。1946年，中央国术馆由重庆迁回南京。当时南京没有为中央国术馆提供任何场地和经费，国术馆难以开展任何运营活动。1948年，中央国术馆宣布解散。

(二)中央国术馆的宗旨

1929年，中央国术馆颁布了《中央国术馆组织大纲》。"增进全民健康，传播中国武术"是中央国术馆的主要宗旨和工作目标。中央国术馆以《组织大纲》为基础,安排了大量工作任务,包括聘请国内武术专家和体育专家研究中国武术、传授武术技巧、编写图书著作、管理全国武术活动。中央国术馆的历史使命是:发扬中国传统武术文化、增强全民身体素质、消除武术门户之见、整理全国流传的各类武术教材、聚集武术师资力量、开展统一的武术教学活动、改进传统武术、普及武术知识、保护中国传统武术的传承。

中央国术馆注重培养爱国思想。自强不息、强种救国是中央国术馆的馆训。中央国术馆以馆训为主体,设计了中央国术馆专用的训练服装,开展具有爱国精神的武术教育,吸引了大批来自全国各地的学生。学成之后,这些学生大多奔赴了抗战前线,成就了一番事业。宋哲元、傅作义等人都是中央国术馆的毕业生。

(三)中央国术馆普及近代武术

开设训练班、进行武术训练、设立武术辅导站,是中央国术馆普及中国武术的主要方式。教师根据所学武术划分专业,进行武术授课,包括少林拳、武当拳、形意拳、太极拳等。通过划分武术专业,保证了武术授课的专业性和针对性,维护了中国武术的传承,扩大了中国武术的普及范围。

中央国术馆向各类部队、军校、政府机关派遣部分教学人员,设立辅导站,进行义务武术教育。1930 年,中央国术馆在南京设立了民众国术练习场,向民众义务传授拳法和武术。根据学习内容和年龄层次,武术辅导划分为初级、中级和高级。辅导课程的培训周期是期,每年的辅导课程固定。每期的毕业生可以获得对应等级的毕业证书。

二、精武体育会和中央国术馆

爱国修身、正义助人是精武体育会的创建宗旨。技击是精武体育会的教学内容。精武体育会遵循科学的武术教学理念,为学员传输武德思想,培养了大量优秀的武术人员。由于创办规模不断扩大、学员人数逐渐增多,精武体育会成为中国近代最为突出的新型武术社团组织。精武体育会将中国传统武术思想和西方教学理念融为一体,创新了中国传统武术教育模式,成为中国近代第一个中西结合的体育教育协会。

精武体育会和中央国术馆对中国近代武术改革意义重大。二者敢于创新,勇于尝试,开创了影响现代武术发展的中国武术发展模式。通过分析二者对近代武术发展的影响可以发现,二者对近代武术发展产生的影响有相同的内容,也有属于各自组织的独特内容。为了厘清两者的独特影响,必须明确划分二者的特点和性质。

(一)组织性质

精武体育会是民间武术组织;中央国术馆是官方武术组织。精武体育会的组织宗旨是爱国修身,注重培养学员的武德,鼓励学员匡扶正义、乐于助人、胸怀仁慈、诚信待人;中央国术馆的组织宗旨是发扬中国传统武术文化,消除各个拳种的门派之见,推动中国武术的发展。前者的培养重点是人格和精神,具有明显的民间特色;后者的培养重点是国家和人民,具有明显的军事特色。中央国术馆赋予了中国近代武术军事功能。

(二)消除门户之见

精武体育会注重不同门派的交流和学习,鼓励门派积极沟通,取长补短,共同进步;中央国术馆注重门派的竞赛和对比,以对比武术的方式推动武术发展。二者的共同目的是推动中国武术发展。在实际情况中,精武体育会和中央国术馆大不相同。精武体育会收纳了国内大部分种类的武术流派,但没有足够的师资力量用于教学和训练,现有的教学模式缺乏科学性和系统性。中央国术馆将国内各大流派的武术技巧编入课本,印刷教材,使用统一的教材进行武术教学,课程系统,内容丰富,理论科学,体系完整。

(三)重视武术文化

精武体育会注重科学。在日常教学中,精武体育会的教师以自身举例,向学员传授练习武术的技巧和习武体会,将武术运动发展为大众化运动。中央国术馆注重文武兼备,培养学员的文学知识和武术技巧,关注武术教学质量,推广武术教材。

(四)武术传播范围

精武体育会在海外建立了大量分会。海外是精武体育会的主要传播范围。中央国术馆重视武术的表演性质,注重武术文化传播。二者互相辅助、互相补充,最终将中国传统武术技巧和武术文化一同传播至海外地区。

三、吴越地域特色拳种

(一)戚家拳

戚家拳古朴无华,实战性强,刚柔勇猛,非踢必打,非摔必拿,势势相承,变化无穷,闪展腾挪,节奏明显,具有明显的地域特色。戚家拳相传是明代著名抗倭将领戚继光,在抗倭过程中觉得当时各家武术中"花法"太多,不实用,因此根据实战需要,集各家拳法之长,提炼各拳法中的踢、打、摔、拿等技巧,精心创编而成,并选择其中的三十二势编入《纪效新书》卷(即"拳经捷要篇")中,被后世称为"戚家拳",现今主要流传于浙江台州、温州、宁波,上海、江苏等地。

(二)花拳

花拳,化也,非华而不实,虽花而不花,其拳法精于内而神于外,手法在攻防中多运用争、长、滚、转、等技法,拳术风格为封打互用、连环巧打、刚柔相济、硬打硬要、首尾相启、节节贯穿、大方舒展、动作优美。花拳相传为清朝雍正年间,江南大侠甘凤池在浙江一带所传授的属于少林派系的拳种,后经衍化成此花拳,因收徒甚严,故流传近代后习练者较少,现今主要流传于浙江、江苏、上海等地。

(三)硬门拳

硬门拳,相传为北宋抗金名将岳飞所创,此拳具有猛打硬攻、刚用剽悍、拳势刚烈、以势逼人等特点。硬门拳习练的主要内容有拳术、器械、散手,具有完整的训练体系,其套路有四门、叉步、四对手、猛虎下山、八门解锁、八虎闯幽州等20余种,器械有耙头、虎叉、大刀、牛耳双刀、板凳、棒等10余种。硬门拳具有刚劲凶猛、动作朴实、手脚并用、左右开弓,拳势连贯凶猛、实战性强等风格,手法多为柳叶掌、锤子手、四公掌等,步法多为四平马、弓步、跪步、扑步、虚步等,腿法以弹、踹、勾、扫等腿法。现今主要流传于江西、浙江、江苏、湖南等地。

(四)船拳

由于吴越等域水系丰富,生活物资多以船只运输,船拳顾名思义,适用于在船上习练,是吴越及沿海等地域所特有的一种拳术,在浙江等地有着悠久的历史传承。船拳相传在春秋时期,因吴越舟战衍化而来,又有称船拳是明朝戚继光抗倭军队在船上习武演变而来,说法不一,但船拳的出现离不开船,船拳是船民练习的拳术,这种拳的优势是更适合于船上实战,其特点是结构严密、活动幅度小、技击性强,动作多以身体为轴,原地转动为主,步法以马步为主,注重腿部和腰部的力量,船拳风格刚劲有力、贴身短打、步法稳健,现今流传于江浙一带,是江浙地域特色拳种之一。

四、发挥民间团体和学校在吴越武术文化传承中的作用

吴越地区高等体育院校的学生可以自由选择学习吴越地区的代表性拳种、特色拳种和地方拳种,这种武术课程的设置方式不但能够促进吴越传统武术的发展,更重要的是使学生能够更深刻地认识到吴越地区传统武术的文化特征,并形成文化认同感。

武术本就来自民间,武术教育也应走向百姓,因此民间传统武术的传承不能是简单的模仿,而应使研习者深入了解拳种的特点,深刻了解拳法背后隐含的传统地域文化,从而真正将武术文化推广到民间。

(1)寻求试点加强联合

政府需要积极与地方武术协会合作,深挖地方拳种,联合民间拳师有效开展民间武术推广。目前走在前列的是浙江武术协会,一支由资深民间武术老师组成的武术专家团队,专门负责民间传统武术教练员的资格认证工作,这对于推动民间武术的发展是非常有利的。

(2)选派教师进行交流

武术的传承不论是父传子、子传孙的家族式传承,还是师带徒、徒带孙的师徒传承,都离不开专业性强、素质高的教师队伍,因此各体育高等院校以及普通高校的体育院系应加强教师队伍的建设,根据教师特长予以整合优化,定期派遣教师参加校内外培训并加强与民间拳师的学习交流。同时,学校应加大经费投入鼓励教师外出访学,鼓励教师开展传统武术拳种的科学研究,加大对科研成果的奖励力度,从而提高教师参与武术传承的积极性。择优选取武术技法、文化素质高的教师,定期展开交流学习活动,而被选派教师需组建专门的拳种科研团队,深入研究该拳种的技术、功法等,理清拳种源流。同时还需就该拳种的学习召开教学研讨会与民间拳师就教学事宜展开讨论,积极听取民间拳师的意见和建议,推动拳种的传承。

(3)学生深入实地学习

高等体育院校武术专业的学生,如果不能真正领略传统武术的魅力,了解传统武术背后隐藏的博大精深的传统文化,那么他们将无法有效传播传统武术文化。因此,体育院校武术专业的学生需深入基层进行实践,学校可通过建立实习实践基地与民间武术组织加强联系,让学生深入这些民间武术组织进行学习,这样能使学生对传统武术有更深刻的体悟。挑选优秀学生组建研究小组,充分利用学校所提供的课题研究经费,学生自主选择该拳种的研究课题,同时学生研究小组可与教师科研团队进行联合研究,提高学生的科研能力,培养学生的团结协作精神。

(4)组织学生进行创编汇演

对于高等体育院校武术专业的学生来说,拳种是一种必修课,因此学生可在进行专业学习的同时,利用业余时间发挥自身的创造性,将拳种编排成大型表演类节目,进而在学校运动会等大型活动时进行汇演。这种创造性编排可以是个人,也可以集体合作,可以有效激发学生的创造力,提高学生的学习热情。

（5）通过实习立足传播推广

武术专业大学生的专业实习也是传播武术文化的途径，通常会安排学生到中小学实习，大学生在实习期间，可以将在大学期间学到的传统武术套路融入中小学的教学活动中，也可以自主编创一定的传统武术套路融入教学中，各个高校要加强与实习单位的联系，积极听取实习单位的反馈，根据反馈意见反哺高校武术教学工作。

第九章　青藏武术文化

第一节　青藏地区概述

　　青藏地区包括我国青海省和西藏自治区,位于我国西北部。青藏地区的武术文化内容取决于当地的武俗民风,体现了青藏地区居民对生活的追求、对未来的愿望和对武术的情怀,具有物质产品特征和精神产品特征。青藏武术文化是我国地域武术文化的重要组成部分,在中国武术发展史中占据了重要地位。本章以地域历史文化为研究方向,结合地理学、历史学、文化学、社会学、人类学等多学科,全方位、多角度地论述青藏武术文化,分析青藏武术文化的本质内容,了解武术文化的伴生文化,挖掘文化内涵。技击格斗、套路技巧、武术典藏、武术壁画、武术诗词等都是青藏武术文化的组成部分。通过研究青藏武术文化,我们可以了解青藏武术的起源、发展、传播、沉淀,加深对青藏武术文化的理解。

　　青藏地区自然环境恶劣,位于我国边塞地区,地区文化封闭,自然环境开放,社会环境稳定、宽松。这些因素对青藏武术文化的起源和发展具有不可磨灭的影响,是青藏武术文化起源的必备环境条件。内容丰富、种类多样、分布范围广是青藏地区武术文化的主要特点。东北部地区、中南部地区,产生了不同的武术文化。青藏武术文化经历了低谷和退潮。进入现代后,青藏武术文化再次进入发展阶段。箭术、骑射、长刀等武术形式,体现了青藏地区的彪悍民风。人口流动、居住地迁移、地形变化是青藏武术文化传播的主要方式。

　　青藏地区武术融合了我国多个地区的经典武术形式,包括回族、汉族、藏族共有的八门拳、西北地区的天齐棍、西藏地区的北嘎等。格萨尔武术文化是世界级非物质文化遗产,属于布达拉宫武术文化。在地理环境、历史因素、居住地变迁、人口流动等多种因素的共同影响下,青藏地区形成了独具特色、不输国内其他地区武术文化的地方性武术文化。

第二节　青藏武术文化概述

一、青藏地区的民俗武风

(一)民俗武风——箭

箭承载了青藏地区的神话传说,被青藏人民赋予了各种神圣的寓意。箭代表生命、创造、祈福,是英雄人物的专属武器。王权象征和神圣代表是青藏地区人民神化箭的主要原因。箭贯穿了青藏地区的所有居民,上至达官显贵,下至平民百姓。箭文化是一种存在于人们思想深处的社会观念,是青藏地区流传的社会文化,是人们祈求美好生活的愿望,是青藏地区普遍存在的思想意识,无法用文字描述,无法用物品承载。

1.箭的神话

自然崇拜、祖先崇拜、图腾崇拜是原始崇拜的三种主要类型。青藏地区的古人类信奉自然,认为万物和人相同,都具有灵魂。"万物有灵"成为后来青藏地区神话传说的主旨思想。箭的神化和人们对自然的信仰都是自然崇拜的具体表现形式。根据汉代史书记载,唐朝时期,吐蕃人信奉自然,信仰来源于自然神明。箭是西藏人民生产生活的重要工具,是信奉的目标。青藏地区的居民认为,箭的功能和力量都是自然之神赋予的,只有英雄才能获得箭的承认。

传说是史书的主要记载内容。公元 7 世纪,青藏地区的各类史书开始使用藏文记载。藏文是青藏地区出现的最早的文字。后人只能通过考古、传说故事、民族文献了解公元 7 世纪之前的青藏地区发展历史。在青藏地区居民的思想中,箭是神秘又强大的。神赋予了箭神性和神力。神秘性和神奇性是西藏箭文化的主要特点,也是西藏产生箭神话的基础。藏族人民认为,箭是崇高的,是青藏地区的创造者,保护着青藏地区的人民,为人们的生活带来福运,是英雄的象征。由于箭神话影响,青藏地区出现过多种神秘的箭,包括修命箭、招财箭、火神箭、风神箭等。

2.箭的文化现象的解读

(1)游牧生存状态产生箭崇拜。西藏和平解放后,国内一些考古学家进入西藏开展考古工作。在青藏高原北部地区,考古学家发现了很多旧石器时代遗址,出土了一些细石器。通过对比不同地区的石器,考古学家发现青藏北部高原出土的石器和东北、内蒙古、新疆等地出土的细石器相同,都属于游牧狩猎型文化系统。这说明西藏文化是中华文化系统的游牧型狩猎文化分支。

在昌都卡若、拉萨曲贡等地区,考古学家相继发现了箭簇、弓箭、弓胎等多种箭文物。箭是游牧民族从事捕猎活动的重要工具。弓箭可以延长攻击距离,保护人身安全,帮助人们探索自然、征服自然。箭凭借威力、距离、安全,成为藏民心中独一无二的神话工具。

(2)宗教巩固箭的社会地位。青藏地区的人民信奉自然,推崇万物有灵。藏民会定期开展祭祀活动,为生活祈福,平息自然神明的怒火。青藏地区出现了以原始自然崇拜为基础的苯教。苯教的教条注重祭祀活动和祭拜仪式,满足了藏民的精神需求,成为当时青藏地区的主流宗教。箭承载了藏民的集体记忆,成为藏民生活必不可少的组成部分,很多节日都使用箭命名。

箭和青藏地区人民的关系密不可分。人们的生活需要箭,生产需要箭。箭可以保护藏民的安全,帮助藏民探索自然。青藏地区的大小神龛都会供奉箭,节日活动都会有箭参与。

(3)崇箭的文化表现。藏区的很多习俗都包含插箭环节。双方盟誓使用箭,结婚使用箭,修建房屋使用箭等。藏民的各种生活活动都离不开箭。崇箭文化诞生于藏民对箭的高度依赖。在藏区,箭是神明的代言,是王权的象征。神箭可以消除邪恶,为人民赐福。藏区有很多以箭为主题的诗歌、歌谣,广泛流传。在藏民的日常生活中,箭可以用于达官显贵的联姻,也可以用于平民百姓的婚姻礼俗。箭饱含着藏区人民的集体智慧和思想观念。拉萨布达拉宫的宫殿顶部布置了很多箭装饰品,象征王权和神圣。

藏区的先民注重誓言,每次宣誓活动都会使用箭。盟誓是藏民集体思想智慧的结晶,是表达双方承诺的主要方式。早期的藏区没有文字,藏民无法使用文字构建契约,盟誓弥补了没有文字的缺陷。

(4)箭崇拜的思想渊源。历史典籍记载,藏民出战、男子出生,人们都会使用箭祈福。文学家创作了大量以箭为主题的文学作品。箭成为了藏族文化的代表,成为藏民集体思想智慧的载体,成为藏民生活的重要组成部分。

箭的神话故事和箭的神化都代表了藏民对箭的崇拜,二者唯一的区别是崇拜的表现形式不同,统称为箭崇拜。藏民认为箭是武力的象征,这是箭崇拜出现的主要原因。为了获取更多的生活资源、扩大势力范围,青藏地区的部落向其他部落发动战争。古代高原地区的生育率低,战败部落的女子会成为战胜部落的掠夺目标。赢得战争需要力量和智慧。藏族人民尊重力量和智慧。箭成为了藏民崇拜力量、智慧的重要载体。格萨尔王凭借强大的力量和一把箭,连克强敌,战无不胜。至今,藏族地区还流传着战争时期的歌谣和舞蹈,用于歌颂箭的伟大。箭是青藏地区尚武精神的符号和象征,尚武精神是箭崇拜的生存基础。

(5)箭崇拜的文化内涵。箭崇拜在藏族民族文化中留下印记的主要原因是箭文化可以触动藏民的民族文化灵魂。藏民赋予了箭新的文化内涵,可以帮助藏民远离战乱和掠夺,可以为藏民提供各种生活资源。藏民开始崇拜箭,神化箭。婚姻、生活、降生,都使用箭祈福。箭成为了藏民的精神寄托,成为藏民在困境中前行的启明星。

藏民的箭崇拜诞生于古代,发展于箭神化,最终形成箭文化。箭在藏区的发展过程和传统运动项目的发展过程相似度高。在藏区神话故事中,箭代表了生命、创造、祈福和英雄。每一位藏民都供奉箭,箭成为藏民必不可少的生活要素。箭代表了王权和神圣。箭神化和箭神话成为箭崇拜的主要组成部分,承载着藏区宗教的核心思想。

(二)民俗武风——骑射

从武术文化的地域特色角度来说,不同地域的武术文化具有不同的特点。高原地区的游牧民族擅长骑射,和以农业为主的汉族不同。骑射是游牧民族生活和生存的必备本领。高原地区的战争,多是两个部落的骑射较量。吐蕃王朝凭借强大的军事力量和精湛的骑射技术,一度攻至大唐长安。

1. 生存之本——骑射

骑射是古代游牧民族的安身立命之本,是游牧民族的必备技能。高原地区的游牧民族以骑射为生,生产活动和生活都离不开骑射之术。高原的气候环境不允许藏区先民徒步进行放牧和打猎活动。马匹成为藏民必不可少的代步工具。在军事领域,骑术和箭术,是藏民重要的军事力量。骑射之术是藏民南征北战、攻城略地的最大依仗。

骑射是高原地区军队的必修项目。根据射箭姿势,可以划分为步射、骑射、跪射、左右射等,骑射最适合实战。所有士兵都必须修习骑射技术。骑射的技术要求高,箭靶规格小,骑射技术强大的士兵都是精英士兵。

射箭是所有藏民的必备本领,一些优秀女性藏民的射箭技术不输男性藏民。藏族选拔优秀人才的主要方式是骑射考核。西藏地区的很多寺院壁画都详细描绘了男性藏民射箭的场面。

2. 寓教于乐——骑射

根据古书记载,骑射之术同时具备军事作用和文化作用。吐蕃王朝灭亡后,佛教在藏族地区兴起,宗教活动大量增加。骑射、摔跤等项目成为宗教活动的主要内容。在藏区,射箭运动全民皆可参与。藏民的生产活动和军事战争都需要使用射箭技术。藏民开发了多种射箭比赛,增强了骑射的娱乐性和观赏性。射箭成为最受藏民欢迎的体育运动项目,为年轻男女提供了展现自我的平台。射箭成绩较好的藏民会得到社会尊重,更容易受到异性的青睐。

射箭的教育作用最早出现于夏商西周时期。夏朝初期至西周末期,青藏地区战争频繁,尚武之风盛行。西周时代,武术教育的主要内容是骑术、箭术。射礼开创了武德教育的先河。古时候的藏民非常注重射箭教育,以培养藏民的箭术,满足军事需要。藏区的射箭教育和中原地区的射礼教育本质相同,都是利用射箭的教育功能。射箭教育可以传承箭术,传播箭文化,帮助年轻的居民学习礼仪规范。藏民对英雄的赞美、对力量的推崇、对箭的崇拜,形成了箭的礼仪教育和活动规范。

3. 骑射的文化内涵

骑射是藏民的生存之本,也是藏民进行礼仪教育的重要途径。射箭成为藏区传统的民族体育项目。骑射逐渐演变为西藏传统习俗文化的象征。

民族对事物的选择受到多方因素的共同影响。藏族地区海拔高、人数稀少、交通不便,以游牧业为主的藏民不得不选择骑射维持生存。骑射技术越娴熟的藏民,越容易受到其他藏民的尊敬和崇拜。射箭是藏民的民族特征,是藏族武术的主要组成部分。

二、青藏武术文化的特征

1. 断变现象

岩画是青藏地区特有的文化现象,是古代青藏人民为了反映狩猎、游牧等生活现象而创造的一种艺术,我们从中可以看出当时的社会情况和经济生活情况。除了岩画,壁画唐卡以及边塞诗歌都形象地反映了高原文化,展现了边陲军旅的高超武艺,以及游牧民族的勇猛高大形象,射箭、赛马、刺击等各种生活技能实际上都可以称之为武艺。在吐鲁番时期,吐蕃赞普下令要求人们必须习武,平时可带剑干活,一旦发生战争,即可上马变为战士,这种从上至下的尚武精神,使得当时的吐蕃人勇猛善武,这种民族精神即使放到今天,也是非常值得称赞的。公元10世纪开始,军队方面的武艺快速衰落,没有流传到民间,导致高原独有的弓、矛、甲等武器技术在一段时间内销声匿迹,只有举重、骑射等保留了下来。然而,西宁地区的武术文化与其他地区相比,相对比较繁荣,甚至成为与中原武术文化非常接近的一种文化,这在整个中国西部高原地区是非常独特的,与青藏地域的武术文化发展样态并相协调,有人称这种文化的断层现象为断变现象。

2.文化聚居

祁连山山脉是横亘于兰州与西宁之间的天然阻隔,整条山脉宽约200公里,如果从西宁再进一步进入高原地区,则需要穿越更多的高山,且路途遥远,甚至有的地方根本无路可走。于是西宁便成为经济、文化交流的节点,是人口流动的最终落脚点。边塞历来是兵家争夺重地,战事频繁,而长期的战争以及战后的屯田政策,使得大量军士留在当地生活,这些武艺高强的兵士,就为后来民间武艺的发展奠定了基础,更为西部武术文化的发展和传播注入了活力。西宁仍是青藏武术文化的发展重地,有专业人士通过梳理历史文献发现,近现代以来青藏地区知名武术家的生活地大都在西宁周边。

新中国成立以来,西宁慢慢发展为青藏地区的经济文化中心,随着国家西部大开发战略的实施以及援疆支边政策的推出,西宁汇聚了百万有为青年,西宁正以日新月异的速度腾飞而起。西宁地区经济文化的快速发展,也推动着当地武术的快速发展,西宁已成为青藏地区武术文化发展的传播集散地。

3.政策因素

青海位于我的边陲地区,战事频繁。高原地区的居民多以游牧为主,机动性强。中原地区统治者不会轻易派兵进入游牧地区。中原地区环境良好,资源丰富,可以满足当地居民自给自足的需求。很少有中原统治者热衷战争和侵略,都以保护和防守为主。各朝代派重兵把守的地区均成为后来经济发展速度最快的地区。这些地区的武风民俗浓厚,居民崇尚习武,尚武之风盛行,武术文化发展速度快。在防守地区以西的区域,武术文化发展速度慢,文化传播受到严重阻碍。

三、青藏现代武术文化的发展

青藏地域的武术文化近些年来的发展速度有目共睹,新中国成立以来,社会经济的快速发展推动着当地武术文化的发展,国家对西部的扶持政策更是起到了极大的带动作用,尤其是随着国家民族文化振兴战略的提出,青藏地区的经济快速发展,人民的生活越来越富裕,人们也开始关注精神文化生活,而武术作为一种既能强身健体又能陶冶情操的体育活动,引起了人们的广泛关注。近几年,武术在青藏地区的传播范围越来越广,受众群体也越来越大,出现了以西宁、拉萨为集中点并向外辐射的大好局面。

西宁是青海省的政治经济文化中心,青海武协和西宁武协都在西宁,因此西宁是青藏武术文化发展最快的地区,尤其是田登双老师建立"青海武院"后,一大批专业武术运动员及民间武术精英脱颖而出,这就相当于为青海省培养了一批优秀的拳师。西宁相对深厚的武术文化底蕴,更是为武术文化的传播和发展创造了优良的条件,因此青藏各地市应利用现有武术资源,进一步将青海武术文化发扬光大。

西藏地区的太极拳运动开始于 2011 年,近些年发展较快。2012 年首届西藏自治区太极拳比赛成功举办,西藏周边六个区的太极拳队伍欢聚拉萨,在比赛的同时加强了友好交流,促进了西藏地区太极拳运动的发展。2013 年,西藏武术协会成立,至此全国所有省份都已建立了武术协会,实现了对武术文化的统一管理,太极拳正式在西藏扎根,西藏人民的文化生活越来越丰富多彩。

近些年,青藏武术文化发展较快,参与到武术运动中的群众越来越多,有些偏远地区甚至组建了专门的武术队,大众对武术的喜爱度越来越高,这种种变化都预示着武术运动的发展逐渐迈上了一个新的台阶。

四、青藏地域主要特色武术

(一)八门拳

八门拳主要流传于青海、甘肃、宁夏、新疆等地,八门拳发展历史久远,内容较多,具有明显的西北地域风格,以八卦为其原理思想,据传八门拳是清朝嘉庆年间河北人常燕山所创,因精通八门武艺,尤擅长大枪、大杆子,经过后人不断完善丰富逐渐发展成为一个拳系,八门拳技术体系包含功法、动作、单练、对子和排子五个部分,有三十六跤法、十捶、身八法、手八法、九大法等,八门拳技击特点突出表现在以拳为主,融合掌、钩、指、斩等法,又以斩法为主,腿法以背顶腿、大小奔腿、跺子腿、包头簪、踩桩腿、鸳鸯腿、铲腿、穿袖腿等。要求以实用为主,腿踢不要过高,跤法包括里跤、外跤、中字跤、撒跤、拉跤等,八门拳拳术套路分为三大类,即单拳、捶拳和封手。八门拳拳法变化莫测、动作大方实用、攻防意识强、身法进退快速、步法灵活多变、动静虚实分明、腿法速猛有力、式势连绵不绝、节奏变化鲜明。

(二)天齐棍

关于青海省的十轮天齐棍的起源,说法不一,其中有三种说法:杨国奇创棍说、刘道传棍说、常燕山传棍说,现以无可考证。十轮天齐棍不是一个单一棍术,而是衍化和发展于青海地区的一种包含棍子、条子和鞭杆,有单练和对练的一个棍系,具有独特地域特色。演练特点是快速凶狠、可枪可棍、变化多变,劈棍如泰山压顶,棍扫一大片如疾风,忽长忽短梢把翻飞,两头交打。在快速运动中完成梢把调换,给人出其不意、变化莫测、防不胜防的感觉。主要棍法技术有轮、劈、点、折、搬、砸、扭、扣、飞、掛、掠、挑、拦、搠、扎、扫、封、逼、摆、拿等;步法技术有跳跃、倒插、旋转、击垫、横档、弧形、三倒步、六合步等。

(三)藏式摔跤

藏式摔跤起源至今仍无定论,有学者研究后认为,西藏在石器时代出现摔跤,分布区域为雅砻河谷,也有说始于格萨尔王,而最早记述西藏摔跤的资料为释道宣的《续高僧传》,可见,西藏的摔跤早于唐时吐蕃王朝之前就已经就出现了,技艺高超。其比赛形式分为自由式、背抵式、马上摔跤,可以使用的技术包括摔、拉、扯、掀、提、抱等。藏式摔跤主要是力量和技巧上的较量,现已成为西藏地区很多节日庆祝活动上的比赛项目。

参 考 文 献

[1] 旷文楠.中华武术思想论纲摘要[J].体育文史,1987(6):44-45.

[2] 金以林.近代中国大学研究[M].北京:中央文献出版社,2000.

[3] 旷文楠.试论少林武术体系的形成[J].成都体育学院学报,1991(2):1-7.

[4] 陈飞,王建华,陈雁飞.1999—2008年我国传统武术科研的现状与分析[J].搏击(武术科学),2009(11):36-37.

[5] 武永波,丁保玉.新时代背景下中国武术发展路径的探索[J].湖北体育科技,2020(12):81-84.

[6] 唐波,林小美.竞技武术与奥林匹克运动文化背景比较研究[J].体育文化导刊,2003(3):8-10.

[7] 文凤.文化冲突视阈下武术文化发展探究[J].武术研究,2020(5):39-41.

[8] 赵玉洁.竞技武术和传统武术在当今大环境下的发展瓶颈[J].当代体育科技,2014(31):140-141.

[9] 王成.从跆拳道国际化谈中国竞技武术的发展[J].新西部(理论版),2012(9):181.

[10] 王建斌,魏素芬.传统武术定位与发展抉择分析[J].中国校外教育(理论),2009(1):150.

[11] 李翰杰.北京市基层体校竞技武术(套路)后备人才培养可持续发展研究[J].武术研究,2020(7):47-49.

[12] 孙晔,张文静.12周竞技武术干预对大学生认知加工速度的影响[J].体育科技文献通报,2020(9):60-61.

[13] 杨静.竞技武术比赛与全民健身协调发展研究[J].中华武术(研究),2018(12):22-24.

[14] 旷文楠.葛洪的养生思想及养生术[J].体育文史,1988(6):49-54.

[15] 徐元民.体育学导论[M].台北:品度股份有限公司,2003.

[16] 钟宁.对少数民族传统体育项目的分析[J].北京体育大学学报,1996(3):16-20.

[17] 旷文楠.中国武术文化的历史作用与地位[J].体育文史,1988(4):2-7.

[18] 旷文楠.中国传统文化与体育伦理[J].成都体院学报,1987(2):4.

[19]　旷文楠.先秦体育思想论略[J].体育科学,1985(4):15-19.

[20]　张斌,李臣.新时代中国武术的文化主体性重塑:意蕴、困境及理路[J].原生态民族文化学刊,2019(6):141-150.

[21]　陈天祥.循序渐进探索中国特色公民有序政治参与之路[J].人民论坛,2019(13):47-49.

[22]　王岗,李卓嘉,雷学会.对中国武术文化资源产业转化的理论思考[J].上海体育学院学报,2016(6):64-70.

[23]　王明建,李文鸿,张峰,等.地域武术文化品牌的构建与应用研究:以四川峨眉武术为例[J].山东体育学院学报,2016(4):60-64.

[24]　仝茂华."打造中原武术文化品牌"的策略实践与思辨[J].武汉体育学院学报,2015(7):58-62.

[25]　鲍磊,赵彩红.《功夫熊猫》对中国武术国际化发展的启示[J].武汉体育学院学报,2011(4):62-66.

[26]　任海.奥林匹克运动[M].北京:人民体育出版社,2005.

[27]　邵伟德.学校体育学理论与教改探索[M].北京:北京体育大学出版社,2002.

[28]　深化学校体育教学改革的研究课题组.深化学校体育教学改革的研究[M].北京:人民教育出社,1998.

[29]　旷文楠.中国古代体育史体例的探讨[J].成都体院学报,1986(4):21-25.